人物叢書

新装版

大橋俊雄

日本歴史学会編集

吉川弘文館

一 遍 上 人 像
（愛媛県松山市宝厳寺蔵）

一遍上人像

（神奈川県立博物館蔵）

はしがき

一遍智真の伝記としては、滅後十年目の正安元年（一二九九）八月聖戒が原文を書き、法眼円伊を絵所の指導者と仰ぐおよそ三人の画家によって絵がそえられた『一遍聖絵』十二巻と、嘉元二年（一三〇四）から徳治二年（一三〇七）のあいだに宗俊によって編集されたと考えられる『一遍上人絵詞伝』とがあり、『絵詞伝』は前四巻に一遍の伝を、後六巻には一遍のあとを継いで教団を成立させた真教の伝記をおさめている。このほか真教が詞書を書き、掃部助入道心性と、その子藤原有重が絵を書き熊野権現に納入したという『奉納縁起記』十巻があったはずであるが現存していない。

『一遍聖絵』は京都にあった六条道場歓喜光寺に所蔵されていたので『六条縁起』と呼ばれ、出生から入滅までを年次を追って書いている。『聖絵』を編集するにあたっての発願主は「一人（いちのひと）のすゝめ」によってとあるように、「いちのひと」すなわち摂政・関白の地位にあった藤原忠教であったらしい。忠教は正応四年（一二九一）五月から翌五年二月のあいだ関白をつとめていた。聖戒と円伊らの一行は、一遍が遊行回国した地域を、一遍と行をともにしたであろう時衆を案内人として、丹念にたどって歩いた。したがって、絵はそらごとではなしに、岩山がいくつも天空に突き出ている岩屋寺の光景といい、河野通信の墳墓のある情景といい、建物や景色は忠実に描かれ、また案内した時衆の記憶をもとに、善光寺に詣でたときは桜の花が咲き、信州をあとにしたころは刈りとった水田の上を雁の列がとんでいたというように、季節感もとり入れている。

しかも、父如仏の没した日（弘長三年五月二十四日）、同行三人をつれて伊予国を出立した日（文永十一年二月八日）、熊野の新宮から聖戒あてに消息と念仏の形木を送った日（同年六月十三日）というように月日まではっきりと書いている箇所は十九ヵ所ばかりある。これは聖戒のもとに記録された手控があったものか、時衆の記憶していた日であったろう。『聖絵』が一遍と聖戒の顔を瓜二つに描いているように、二人は血縁的に近い関係にあったらしく、私は聖戒は一遍にとって異母弟であったとみている。

これにひきかえ『絵詞伝』は、成人し兇賊にあい難をのがれたという場面から入滅までのことを描いているが、『聖絵』のように出生から年次をおって生涯を記すというようなことはせず、伝中における山場を描くことに終始し、しかも真教は一遍の教えをうけつぐにたる人であることを高調している。一遍は他の人物よりも大きめに描いて理想化しているし、また当時社会から蔑視されていた乞食・らい者を登場させたり、十二光箱によって僧と尼の座を分けるというように、随所に教団のあり方を示唆するような筆致をとっている。いわば、一遍が「我が化導は一期ばかりぞ」といって教団を形成することは考えていなかったのを、淡河の領主のすすめによって成立させたことを正当化するために作為的に作成したものであったから、一遍の熊野参籠のごとき『聖絵』とは異なっている。しかし、絵伝成立の背景を見ると『聖絵』の方が『絵詞伝』よりも真実を伝えているように思われる。もし『奉納縁起記』十巻が残されていれば、嘉元四年に真教が執筆したものであったから『一遍上人絵詞伝』を引きのばしたもの、『奉納縁起記』が先にできていたとすれば『絵詞伝』はその引き写しか、圧縮し簡略化したものであったろう。したがって、内容的には両者は同一的傾向をもったものと考えてよい。

『絵詞伝』は一遍智真を呼ぶのに「爰近来一遍上人と申せし聖の念仏勧進の趣承るこそありがたく覚侍れ」（巻一）といって一遍上人といっているが、『一遍聖絵』には「一遍ひじりは俗姓は越智氏、河野四郎通信が孫、同七郎通広が子なり」(巻一)と言い「ひじり」の語をもって終始している。このことは『絵詞伝』でも同様で、「かくて聖は福岡市といふ所にて念仏すゝめ給」(巻一)というように「聖」といっているから、当時の人たちは一遍のことを聖と呼んでいたのではあるまいか。聖とは僧(上人)に対する語で、僧は持戒堅固な出家者を指しているが、聖は日知りの意で、霊感をもつ霊能者を意味していた。一遍も天華が降り、紫雲のたなびくのを見たり、波のなかに龍を観見し、龍が結縁に来るといって予言したというように、霊能者の一面をもっていた。

その一遍が熊野権現にまみえて成道したのは文永十一年(一二七四)六月のことであり、法然が承安五年(一一七五)浄土宗を開いてから一世紀たっていた。したがって、説き方は一様ではない。時代とともに、宗教の存在することを意識し、教化の前提にした一遍智真は、民衆の要求をどのように理解し受け入れて、人びとに教えを説いたのであろうか。

私が一遍上人の名を知ったのは、一遍智真の六百五十年の御遠忌がつとめられた昭和十四年のころであった。その後、現遊行一心上人寺沼琢明師から時宗学の講義を聴いたのが縁で、服部清道博士のお勧めもあり、藤嶺学園に奉職。ここで長崎慈然・吉川喜善(清)両師から時宗史のことどもを耳にした。

三十五年ごろからは、つとめて地方の時宗寺院に赴き史料を採訪したが、河野憲善・金井清光両教授に知遇を得たのも、そのころであった。時宗の行儀の特色は遊行と賦算（札くばり）、それに踊念仏である。遊行して回国する聖や踊念仏のルーツを求め、それが日本仏教史上どのような意味をもっているか、一遍はそれをどのようにうけとめ受容したかについてまとめた、『遊行聖――庶民の仏教史話』『踊り念仏』を上梓したこともあれば、また一遍や真教の遺文を『法然　一遍』、『時宗二祖他阿上人法語』に収めて資料の提供をしたこともある。こうして私は私なりに時宗研究を積極的に推しすすめた。金井教授が発願して上梓した『時衆研究』は、五十一年十一月五十六号より私が引きつぎ、吉川晴彦氏のご好意によって時宗文化研究所から発行、百号になんなんとしている。『時宗の成立と展開』を執筆したとき、続いて近世にまで手をのばしたいと記したが、思うにまかせず、遅々たる歩みをしているとき、またして赤松俊秀博士が執筆を予定していた『一遍』を、博士逝去のあとをうけ執筆を要請された。

『一遍――その行動と思想』『一遍と時宗教団』につづいて、三度び一遍聖の伝記を書くことに辞退もしたが、是非にということで、筆を執ることになった。『聖絵』と『絵詞伝』を軸に、諸先学の研究をふまえ、年代的に書いたにすぎない。かえりみて忸怩(じくじ)たるものがある。

自坊があるにもかかわらず、研究生活をつづけることができたのは、石井教道・笠原一男両博士のご指導と、法務の一切をまかなってくれた師父俊孝の援助のたまものであったが、その父も浄土に還って五十八年二月で七回忌を迎える。

昭和五十七年十一月

相模野の西林寺にて

大 橋 俊 雄

目次

口絵

挿図

第一　おいたち

一　誕生と家系

一遍は河野通信を祖父通広を父として生まる

一遍聖は延応元年（一二三九）伊予国（愛媛県）で生まれた。幼名は松寿丸、のち通尚（みちなお）と称した。父は河野（こうの）七郎通広（みちひろ）、祖父は四郎通信（みちのぶ）。河野家の先祖については「河野系図」とか「越智（おち）系図」に記されているが、初期のことははっきりしていない。おぼろげながらも明らかになってくるのは為世のころからであり、為世は浮穴（うけな）御館、その子為時（ためとき）は浮穴四郎太夫、孫の時高（ときたか）は浮穴新太夫と呼ばれているので、浮穴山麓の浮穴（松山市高井）あたりに館を設けて住していたらしい。時高の子為綱（ためつな）は風早（かざはや）太夫、その長子宗綱（むねつな）は寺町判官代、次子親孝（ちかたか）は北条太夫と呼ばれているので山麓から次第に勢力を広げながら瀬戸内海沿岸地域に進出し、風早・寺町・北条といったところに占地していったのであろう。親孝の子親経（ちかつね）は北条から風早郡河野郷に居を移して河野新太夫と称した。ところが親経には男子がいなかったので、康平五年（一〇六二）、清原武則とともに安倍貞任一族を討った功によって伊予守に任じられて、伊予国に住していた源頼義の猶子親清（実は義家の末子）を娘の婿に迎えた。これがきっかけとなって河野氏は源氏の家人となった。

河野氏と三島明神のかかりあいと代々「通」の字をつける縁由

親清もまた子にめぐまれなかったので、三島明神に参籠し、男子を授けて欲しいと祈願し、そのかいあって生まれたのが通清であった。いわば通清は三島明神の申し子であった。そのため三島明神の本地大通智勝仏にちなんで、通の字をつけた。大通智勝仏は遠い昔『法華経』を説いた仏で、『法華経』の化城喩品によれば、在世時十六人の王子がいた。その王子はつぎつぎに出家して沙弥となったが、その九番目に生まれた子が沙弥となり仏となったのが阿弥陀仏であり、釈迦如来は十六人目の子であったという。こうしたことが縁となって、河野家では以来、通の字をつけることになった（『予章記』）。

河野水軍の将としての通信と源頼朝

河野氏は「河野四郎越智通清」（『吾妻鏡』）というように越智をも併称しているところからすれば、河野氏の勢力は越智郡にまでのび、三島明神を氏神と仰いでいた越智氏をも席巻するほどになったのであろう。通清の子が通信。源平争乱のおりには通信は弟通孝や通経とともに源義経方についた。河野氏は高縄半島を根拠地としながら、瀬戸内海の海上権を掌握していたから、西海にはしる平氏を追討する源氏にとって、河野水軍の協力を得たことは、百万の味方を得たに等しかった。戦後その功によって通信は伊予国の守護に任じられ、はじめ伊予新井太夫玉氏の娘を妻としたが、のち北条時政の娘谷を妻に迎えることができたのには、源頼朝の平氏追討に河野水軍の将として通信の絶大な力のあったことを認められたが故であったろう。谷は源頼朝の夫人政子の妹であったから頼朝と通信は義兄弟のあいだにあった。通信と谷とのあいだに生まれたのが通政と通久。その後通信は幕府の長老二階堂行光の娘を三人目の妻に迎えて、通末・通俊（得能）・通広（別府）・通宗（越智）の四子を得た。通広が一遍智真の父で、別府七郎左衛門尉とも称した。こうして鎌倉時代初めのころは、源頼朝とも血縁にも結ばれた河野家は武士社会のなかでも優位な位置にたっていたとみてよいであろう。

河野家の家紋「すみ切り三」の伝承

河野家の家紋「すみ切り三」㊂は、時宗の宗紋にもなっている。鎌倉の由比ヶ浜で戦勝を祝う酒宴が開かれたとき、源頼朝は諸将の坐る席を定めた。このとき頼朝は小折敷に一と書いて自分の前におき、二と書いたのを岳父北条時政、三と書いたのを河野通信の前に、それぞれ置いたという。折敷は檜の片木をおしまげて角盆にし、古くは食器としたものであったが、のち神饌を供える器として用いるようになったものである。こうした神聖なるべきものを腰の下にしくとは考えられない。「すみ切り三」の三は三島明神のことであろう。こうして考えてみると、氏神として崇敬してやまない三島明神を折敷の上に勧請することを意味しているのではあるまいか。

二　動乱の中で

源氏三代の後ち、藤原頼経が将軍となる

源頼朝とむすんで勢力をむすんでいた九条兼実が政権の座からしりぞけられたのは建久七年（一一九六）十一月であり、代って土御門通親が正治元年（一一九九）六月から政権の座についた。通親は土御門天皇の外祖父にあたっていたため、天皇の父後鳥羽天皇をたすけて院政の復興に努力していた。そうしたさなか建仁二年（一二〇二）十月通親は急死し、後鳥羽上皇によって自由な院政が出現した。それも束の間、承久元年（一二一九）将軍源実朝が殺され、その後継者として左大臣九条道家の子頼経が迎えられた。源氏の血統の絶えたことによって、政権は天皇の手に移ると思いきや、北条氏によって新しい将軍が京都から迎えられたのである。新将軍頼経の父道家は兼実の孫で、その母は源頼朝と同腹の妹と一条能保（よしやす）とのあいだに生まれた女であった。道家と西園寺公経の女とのあいだに生まれたのが頼経であったから、頼経は頼朝の妹の曾孫にあたっていた。道家も公経も親幕府派であったことが、こうした人事を容易ならしめた原因となったのであろう。

承久の乱はじまる

上皇をとりまく公家たちは幕府の権力をうばいとって、再び院政にもどそうと夢見ていた。そのためには院の武力の強化をはからなければならない。公家にも武芸を習わせたい、京都在住の幕府の御家人を院の味方につけたいと考えた。御家人で西面（さいめん）の武士となった人がいたのは、こうした朝廷側の公家たちの動きが功を奏したからであった。西面の武士になったということは、院につく武士がいたということである。こうした状態を見てとった上皇方は、幕府に対立が生まれた結果であると判断し、承久三年五月京都城南寺の流鏑馬（やぶさめ）汰（そろえ）と称して、畿内近国の武士および諸寺の僧兵を賀陽（かや）院に召集し、京都守護大江親広らをさそい、北条義時追討の院宣を下した。このとき集まった兵力は『承久記（じょうきゅうき）』によれば千七百余騎であったという。

乱後、反幕府体制者を処分

幕府にとってみれば、創業以来はじめて受ける大試練であった。政子・義時兄弟や大江広元らの処置よろしきを得て、鎌倉の御家人は協力すると忠誠を誓い、頼朝の御恩に報ゆるべく決戦の決意をかためた。以来、一ヵ月にわたる戦いが京都を中心にはじまった。この乱を承久の乱と呼んでいる。乱は幕府側の大勝利に終ったが、乱後事件の責任者であった後鳥羽上皇をはじめ公家・武士をきびしく処罰する方針をとり、後鳥羽・順徳・土御門三上皇を遠島に付し、朝廷側についた公家・武士の所領をすべて取りあげ、その上見せしめのために京都で殺されたものも多い。こうして徹底的に反幕府体制者を処分した。

承久の乱に朝廷側についた河野氏の処分

河野氏の多くは朝廷側についた。そのため、たとえ北条氏と縁戚の関係にあるといっても容赦することはなかった。通久は母谷が北条時政の娘であり、鎌倉にいたこともあって幕府方についたため、乱後恩賞として阿波国富田荘および伊予国温泉郡石井郷をあたえられたが、得能（とくのう）通俊は建仁年間（一二〇一－四）以来後鳥羽上皇の西面の武者所に仕えていたことや、通末は昇殿を許され、上皇の皇孫を妻とし、また通政も西面の武士となっていたので、朝廷側についた。ところが、通信は去就に迷った。子供たちが二派に分れているからだ。伊予国には皇室領の荘園が多かったのが縁で朝廷側に接近しつつあったし、また幕府創業以来の重臣梶原景時や畠山重忠が次々に消されていくさまを見るにつけ、一抹の不安が脳裡をかけめぐった。そうしたときに朝廷側のさそいをうけたのである。通信とその一族は高縄山城にたてこもり幕府方の軍と戦ったが、七月落城して捕えられ奥州江刺（岩手県北上市稲瀬町）に流罪の身となり、通政は信濃国葉広（長野県伊那市西箕輪字羽広）、通末は同国伴野荘（同県佐久市）に配流されたのをはじめ、河野氏の一族百四十九人が伊予国その他にもっていた所領五十三ヵ所、公田六十余町はすべて没収されてしまったという。元寇のとき、河野通有が敵船に乗りこみ活躍したというのは、通有の祖父が通久であったという関係からであり、ひとり通久の一族が河野水軍の将として面目をたもっていたにすぎない。

三　父通広の周辺

一遍は河野家悲運のさなかに育つ

一遍の父は別府七郎左衛門尉と名乗っているところをみると、河野郷の別府に住していたのであろう。河野郷は高縄山の麓を流れている立岩・河野・高山・栗井の諸川が、斉灘にそそぐ一帯の沖積地にあった。一遍が生まれた延応元年は承久の乱からかぞえて十八年たっていた。河野通久一族をのぞけば、河野家は悲運のさなかにあった。通広が

通広の承久の乱当時の動静

承久の乱のとき、どのような役割をはたしていたかは明らかでない。しかし、後年まで通広は所領をもっていたようである。所領をもっていたからこそ、その子一遍は一時武士としての生活もし、所領をめぐって、いざこざをひきおこしたのであろう。では、通広はなぜ所領をもつことができたのであろうか。

承久の乱当時、在国していたとすれば、父や兄弟たちが高縄山城にこもり戦っていたときでも、傍観者の立場にいたのかもしれない。だが、武士であろう者がどっちもつかずに在国していたとは考えられない。では、戦いに参加できないような状態、病床に臥していたか、さもなければ出家し僧としての生活を送っていたのであろうか。

通広が如仏と名のり、西山証空のもとで出家したのは、延応元年以前のこと

通広が如仏（にょぶつ）と名のり出家者としての生活を送っていたことは、九州で清水の華台（けたい）が「さては昔の同朋の弟子にこそ、往事いまだわすれず、旧好いとむつまじ」（『聖絵』巻一）と語ったということばや、「聖、三ヶ月参籠して三部経を奉納し給ふ。この経は親父如仏多年の持経として、西山上人・華台上人の座下にして訓点をまのあたりにうけ、読誦功をつむ」（同上巻十）と言っていることによって知ることができる。如仏・聖達（しょうだつ）・華台の三人は西山証空（しょうくう）の膝下で同門だったことがあったらしい。では、如仏が西山証空に師事していたのはいつかということになるとはっきりしていないが、修学中妻帯していたとは考えられないから、一遍の生まれた延応元年以前であったろう。

聖達や華台も如仏の同朋

聖達や華台が証空のもとを去って九州に下向したのは、仁治四年（一二四三）一月以前であった。京都府乙訓郡大山崎町大念寺に所蔵されている阿弥陀如来像の胎内から発見された経典は、証空の弟子円空の発願によって、仁治四年一月末から二月一日にかけ書写されたものであった。西山善峰の往生院の写経会に集まった同志は円空・念光・遊心・証慧・浄音・範祐・遊観・慧阿・有能・専念の十人であったが、このなかに聖達や華台らの名は見えていないから、仁治四年にはすでに下向していたとみてよいであろう。

嘉禄の法難が縁となって帰国

では、いつ証空の膝下をはなれて九州に下向したのであろうか。ここで考えられることは専修念仏者に対する弾圧である。弾圧と呼ばれる法難はいくたびとなくあったが、弾圧がはげしく加えられるようになったのは、嘉禄三年（一二二七）七月のころからであり、この法難では、法然の遺弟四十余名は指名を受けて捕えられ、専修念仏者の草庵はことごとく破壊された。このときまで証空は健在であった。健在であったということは京都で専修念仏を説き布教活動していたということである。証空も専修念仏の張本と認められて、指名を受けた一人であった。だが証空は、極力念仏者でないと弁明して難をのがれている。こうなったからには、再び専修念仏者としての活動をするわけにはいかない。如仏をふくめて聖達たちが証空のもとをはなれたのは嘉禄の法難が縁となっていたのかもしれない。とすれば承久の乱のときには、通広も出家し僧としての生活を送っていたことになる。

承久の乱当時の通広(如仏)は西山証空のもとに

承久の乱のとき、河野通信は子息ら五百余騎をひきいて戦ったが、山城国広瀬で敗れ、伊予国高縄山城にのがれた。ここでの戦いでは幕府の遠征軍と伊予在国の反河野党の連合軍にとりかこまれ、城は七月十四日おちた。このとき通信方についた武士として「一族国人等交名之事」には得能四郎太郎通俊・同太郎冠者通秀・河野備後守通政・同太郎蔵人政氏・同弥太郎蔵人通行・同八郎通末・同十郎通宗の名を挙げている。このうち通俊・通政・通末・通宗は通信の子、通秀は通俊、政氏と通行は通政のそれぞれの子である。幕府についた通久を除けば、通信の子で去就のはっきりしていないのは通広だけである。武士たる者が、しかも高縄山城で血みどろの戦いをしているのに、日和見主義をとっていたとは考えられない。どちらかの側についたであろう。それにもかかわらず、去就のはっきりしていないのは、出家していたからではあるまいか。こうしてみたとき、承久の乱当時通広は如仏と名乗り、西山証空のもとで僧としての生活を送っていた公算が大きい。

四　出　家

帰国した如仏は還俗し通広と名乗る

僧としての生活をしていた如仏が還俗したのは、いつごろであったろうか。嘉禄三年七月すぎ帰国した如仏は、一時的に出家の生活を送っていたであろうが、周囲のすすめもあり、河野家将来のことをも思い、妻をめとるようになったのであろう。それは一遍の出生が延応元年であったとすれば、その前年の暦仁元年ごろであったろうか。一遍の生家と所領のあったことは、父の没後一時「俗塵にまじはりて恩愛をかへりみ」在俗の生活をしていたことによって知ることができる。所領がなければ、父の没後還俗する必要はなかったはずである。ということは、父は承久の乱にかかわりあいをもっていなかったということになる。

松寿丸（のちの一遍）の出生地

一遍は幼名を松寿丸といった。松山市道後湯月町宝厳寺の門前に「一遍上人御誕生旧

宝　厳　寺（松山市道後）

跡」の碑が建っており、松寿丸はここで生まれたと伝えている。伝承されているように、宝厳寺内で生まれたとすると、父通広は寺内で夫婦生活をしていたことになる。しかし、宝厳寺の宗教がいずれの宗派にぞくしていたかは明らかでないが、当時の傾向からすれば天台宗か真言宗であったと思われる。これらの宗教は持戒を旨としていたから、女性が寺内にいたとは考えられない。当時の社会通念からしても、僧尼令の規定からしても夫婦が寺内で共住することは許されていない。そこで考えられることは、父は宝厳寺で修行の身で生活し、母は別居して別府の館に住んでいたため、父の修行の地を出生地としたか、さもなければ最澄の生地が比叡山麓坂本

松寿丸は旧仏教の寺で出家し、随縁と名乗る

の生源寺となり、法然や日蓮の生地が誕生寺となったように通広の館が道後にあり、ここで松寿丸が生まれ、その生地が寺に改められて宝厳寺になったと考えられなくもない。西山系浄土教（西山義）で出家した如仏が、天台宗にぞくしていたと考えられる宝厳寺に住していたとは考えられなくもないが、当時は、それほど固定した宗派根性は有していなかったようである。

松寿丸は宝治二年（一二四八）十歳のとき母と死別し、継教寺で出家したという。師事した僧は誰であったかはっきりしていないが、縁教と伝えられている。継教寺がどこにあったかも明らかでない。九州に下向する以前随縁という名で、寺で生活していたことは間違いない。後日、華台は「随縁雑善恐難生といふ文あり、しかるべからず」、唐善導の『法事讃』には「極楽は無為涅槃界なり、随縁の雑善は恐らくは生じ難し、故に如来要法を選んで教えて弥陀を念ぜしむ」（原漢文）とあり、雑善とは念仏以外のもろもろの行を指している。縁に随って雑善を修した人は浄土に生まれることはできない、この文を典拠としてつけた僧名であるから、随縁は浄土教の僧として、ふさわしからぬ名であるといっている。とすれば、随縁と名付けた人、すなわち随縁の師事した人は西山系浄土

教の人ではなかったであろう。随縁は「縁起は道理に随う」という『華厳経』等の経典に見えている語であるから、少なくとも松寿丸が出家したのは旧教団であったらしい。

五　九州の聖達のもとへ

建長四年九州に下向し聖達に師事

随縁が生国伊予を出立して九州へおもむいたのは「建長四年春のころより聖達上人に随逐給仕し給へり、首尾十二年、浄土の教門を学し、真宗の奥義をうけ」（『聖絵』巻一）たというように建長四年のことであった。以来「首尾十二年」、父通広が没した弘長三年、二十五歳までの青春の日々を、聖達のもとで西山義を学んだ。聖達は『浄土法門源流章』に「洛陽西山の証空大徳（道号善慧）門人甚だ多し、並びに随って学ぶ」（原漢文）として十一人の弟子をあげているが、その四番目に「聖達大徳」を記しているほど、聖達は西山証空にとって有力な門弟であり、聖達は京都で教えをうけたらしい。証空は十四歳のとき法然の弟子となり専修念仏を学んだが、のち慈円の門に入り、慈円のゆずりをうけて、京都西山の善峰寺の住持となった。そのため証空は西山上人と呼ばれ、証空が説いた教えは西山義、その流れは西山派といっている。聖達が証空の有力な弟子であったにもかかわらず、山崎大念寺の阿弥陀仏像の胎内から出てきた写経に聖達の名が見えないことは、仁治四年にはすでに京都にはいなかった、九州に下向していたと見てよいであろう。聖達が京都にいたころ、清水の華台も随縁の父通広も証空のもとで学んでいたことは「この経は親父如仏多年の持経として西山上人・華台上人の座下にして、訓点まのあたりにうけ、読誦功をつむあひだ、相伝ののち秘蔵して所持」(『聖絵』巻十)していたと記していることや、聖達と華台とは「昔の同朋」であったと述べていることによって明らかである。

通広と聖達との関係

聖達には聖観と、のち証空の弟子で深草流の祖となった立信円空の二人の子供がおり、大村正覚寺の道教の継父は聖達であったという(『法水分流記』)。道教は『楷定記(かいじょうき)』の著者で顕意ともいい、「予州川野執行の息で、聖達の継子」であったというから、川野執行が道教の実父であった。道教は嘉元元年(一三〇三)五月六十六歳で没しているから暦仁元年(一二三八)の出生であり、円空は弘安七年(一二八四)四月四十二歳で世を去っているので寛元元年(一二四三)の出生であったから、年齢から考えてみると、川野執行の死後、母は道教をつれて、聖達に再嫁し、聖観と円空をもうけたらしい。川野執行もかつて聖達とともに、予州にいたことがあった。川野は河野と訓みが通じているので、河野の誤りではあるまいか。とすれば通広と川野執行とは同族であり、聖達とも俗縁でつらなっていたかもしれない。

聖達と通広とは京都の証空のもとで、ともに学んだ同朋であった関係から、九州に下向させたのであろうが、このとき同行したのは善入であった。当時、聖達は大宰府にほど近い原山に住していた。大宰府は日宋貿易の門戸にあたっていたから、船待ちしていた人もいれば、宋から入ってくる貿易品を待ちのぞんでいた人もおり、新しい文化がどよめいていた。九州にいたのは十四歳から二十五歳までの青春期であり、知識欲の旺盛な年代であったから、貪欲に学問と新文化のほとばしるなかで、新しいものを求めていたであろう。聖達のもとを訪れた随縁は、その紹介で清水の華台に師事して「一両年研精修学」したが、時に名を智真（ちしん）と改めた。智真は「天性聡明にして幼敏ともがらにすぎた」人で、聖達は「学問のためならば浄土の章疏文字よみをしてきたるべし」といって華台のもとにおくられ、華台は「法機のものに侍り、はやく浄教の秘賾をさずけらるべし」と述べて聖達のもとに送りとどけた。浄土教における基礎的な学問は華台の方がす

華台に師事して、随縁を智真と改む

ぐれ、専門的な西山義は聖達の方が深かったようである。「学問のためならば」といっているところからすれば、当初は学問によって身をたてたいと考えていたのであろう。こうして再び聖達のもとに帰ってきた智真は、弘長三年（一二六三）まで、西山義の習得にいそしむことになった。

六　西山義とは

西山義の派祖は法然の弟子証空

治承元年（一一七七）久我家の一門加賀権守親季の長子として生まれた西山証空が法然のもとに弟子入りしたのは、建久元年（一一九〇）四月のことであった。ときに法然五十八歳。以来、証空は法然のもとで「稽古に心を入れて観経疏を三部まで見破られけるとぞ申し伝え侍る」（『四十八巻伝』）というように、熱心に研鑽をつづけ、宗義とともに円頓戒の血脈を相承し、建久九年法然が『選択集』を撰述したときには真観とともに、その座下につらなり勘文の役をつとめたという。その後河内国磯長の叡福寺の願蓮のもとで、天台止観の法門を学んだ。願蓮は、初め大原に住していたが、法然がここで天台宗の碩学たちと問答したとき念仏の教えに帰依することになった。

証空は建暦二年（一二一二）法然が没した翌建保元年慈円のゆずりをうけて西山善峰寺の北尾(きたのお)往生院に移った。往生院はのち三鈷寺と改められたが、以来ここを中心として、専ら善導の『観経疏』にとりくみ浄土教を宣説した。しかし、証空の信仰は死後の往生に偏していたため種々の誤解をまねき、また日蓮の念仏無間の風あたりのはげしい風潮に対して、十劫(じっこう)の昔、阿弥陀仏が正覚（さとり）を成じたとき、衆生の往生心が決定したという立場にたって、即便(そくべん)往生、平生(へいぜい)往生の信が生ずると力説し、即便より当得(とうとく)へ、平生より臨終への往生の道を明らかにした。即便往生とはこの世でこの身このままのすがたで往生することであり、当得往生とは死後に浄土に往生することである。

即便往生から当得往生へ

白木の念仏

法然が「本願の念仏にはひとりだちをせさせて、すけをさゝぬなり」といっているのに、念仏を称えはしているが、自力の気持のぬけきらない人の多い現状をみて証空は、「自力の人は念仏をいろどるなり。或は大乗のさとりをもて色どり、或はふかき領解をもて色どり、或は戒をもていろどり、或は身心をととのふるをもて色どらんとおもふなり。定散の色どりある念仏をばしおほせたり、往生うたがいなしとよろこび、いろどりなき念仏をば往生をえせぬとなげくなり、なげくもよろこぶも自力のまよひなり」と、

行門・観門・弘願の三門に分け、往生浄土を説く

自分の力をたのみにする人の多いのを批判し、「なかなかに心をそへず申せば生まると信じて、ほれぼれと南無阿弥陀仏ととなふるが、本願の名号にてはあるなり。これを白木の念仏とはいふなり」と述べ、無心となって念仏せよと教えている。

また証空は、自力で修行できないものは(行門)、仏力異の方便である釈迦の教えを聞いて(観門)、弥陀の願力に帰して浄土に往生する(弘願)ほかに迷いの世界をはなれる道はないと、行門・観門・弘願の三門に分け、南無阿弥陀仏の一行を修することによって、すべての者は弥陀の浄土に往生することができると説いている。では、弥陀の救いのなかに入ったもの、弘願に帰した念仏の行者の念仏生活はどうあるべきかについては正因・正行の語を用いて説明しているが、念仏する者の態度については、「学問をしないひら信じの念仏は往生しないという人がいるが、それはとんでもない僻事である。平に信じて学問をしない者も、また釈文について学問をする者もおちつくところはただ同じこと、南無阿弥陀仏で往生するのである。あるいは平に願力を信じて、我心に満足して念仏する人もいるし、また本願を信じた上に、一層その道理をきわめようと学問する人もいる。この両者は行き方は違うが、往生という点についてはまったく同じである。そ

れだのに学問する人は学問しない人をそしり、学問しない人は学問する人をそしるということは、両者ともにはなはだしい間違いである」といい、また、「他力本願を信じたならば、有智も無智も臨終には必ず正念に住するものである。学生であっても臨終に狂乱するのはもとより信心がないからだ」といって、信を強調している。

正定業の念仏

さらに人びとに他力の念仏をすすめるにあたっては、まずはじめに㈠現実の自分自身についての内面的な深い反省をうながし、㈡穢土（えど）をはなれて阿弥陀仏の浄土こそ最もすぐれたところであるから、ここに生まれることができるように願えとすすめ、㈢浄土に生まれるには三心が具わっていなければならない。三心とは至誠心（しじょうしん）、深心（じんしん）、廻向発願心（えこうほつがんしん）であるが、その三心のつまるところは帰命（きみょう）の一心であり、南無と称えたとき阿弥陀仏と一体になる。それが正定業（しょうじょうごう）の念仏＝南無阿弥陀仏である。㈣口に南無阿弥陀仏と仏の名号をとなえ、身に阿弥陀仏を礼拝し、心に阿弥陀仏を念ずることによって、仏と私とは常にはなれ得ない状態になる、といっている。証空は建保三年（一二一五）五月から嘉禄二年（一二二六）五月にかけて善導の『観経疏』をはじめ『観念法門』『般舟讃（はんじゅさん）』『往生礼讃（おうじょうらいさん）』等を講述して自筆鈔と呼ばれる『観門義』をのこすなど、講讃と布教につとめたが、宝治元年（一二四七）十一月没した。

七　父の死を耳にして

父通広の死に接して帰国

父通広は弘長三年五月二十四日没した。死の報に接した智真は伊予国に帰ったのち「真門をひらきて勤行」したり、「俗塵にまじはりて、恩愛をかへりみ」（『聖絵』巻一）たりした。真門は俗塵に対することばで、俗塵が浮世のちり、俗世のわずらわしいことどもを意味するのに対し、真実の法門、すなわち仏に仕える身を指している。十歳から二十五歳までの仏門での生活は急にかえられるものではない。朝夕の勤行はかかさず勤めていたことであろう。

『聖絵』には、文永十一年（一二七四）智真が故郷をあとにして、遊行賦算（ふさん）の旅に出立したときのすがたを印象的に描いている。そこには智真とともに出立する三人の尼と、一行を見送るため庭先に立っている三十歳ばかりの上品な婦人と、男女二人の子供がいる。『聖絵』の筆者は「超一・超二・念仏房、この三人因縁を発するに奇特ありといへども、繁を恐れて略す」と述べ、何か事情があるらしいことをほのめかしているものの、見送

帰国後妻をめとる

る三人が、智真とどのような関係にあった人かは記していない。超一は妻、超二はその子、超二はあどけない十歳ぐらいの少女。出立したとき超二が十歳であったとすれば文永元年の生まれである。弘長四年二月文永と改元されたから、帰国後武士としての生活をおくるようになったとき、妻をめとったのであろう。見送っている婦人の子供は超二と前後している年齢のようである。

智真が出立したとき、聖戒は桜井まで同行した。五来重氏は、超一も見送る婦人も、ともに智真の妻であるとみ、

おもむく一遍の一行（『聖絵』）

二人妻のトラブルと癡情怨恨の傷害事件が契機で発心したと推定し、聖戒を智真の実子とみているが(『熊野詣』)、もし聖戒を実子とすれば、聖戒は元亨三年(一三二三)二月六十三歳で没しているから(『弥阿上人行状』)、その出生は弘長元年で、九州で修学中だった。しかし、修学中、妻をめとるようなことはしなかったであろうから、実子ではあるまい。だが、智真と聖戒が血縁的に近い関係にあったことは、臨終の場で二人は瓜二つの顔をえがいている。子供でなければ弟であったろう。弟であるとすれば母はすでに亡くなっていないの

聖戒は智真にとって義弟

伊予国をあとにして熊野に

で、後妻を迎え、その間に生まれたのが聖戒だったのではあるまいか。出立のとき聖戒は十四歳であったから、見送る子供は聖戒の弟妹であり、婦人は智真の継母であったろう。

在俗生活で得たこと

父の死を耳にし、一族の勧めもあって帰国し家督を相続したが、伊予での生活は必ずしも安穏ではなかった。『聖絵』は在俗生活をしていた当時のことを顧みて、

或は真門をひらきて勤行をいたし、或は俗塵にまじはりて恩愛をかへりみ、童子にたはぶれて輪鼓（りゅうご）をまはすあそびなどもし給き、ある時此（こ）の輪鼓地におちてまはりやみぬ、これを思惟するにまはせばまはる、まはさゞればまはらず、われらが輪廻も又かくのごとし、三業の造作によりて、六道の輪廻たゆる事なし。自業もしとゞまらば、何をもてか流転せむ、こゝにはじめて心にあたて生死のことはりを思ひしり、仏法のむねをえたりき、とかたり給き（巻一）

と記し、輪鼓を例にとり、地におち廻りやんだことによって六道輪廻のことを知ったというが、あまりにも象徴的な記事であって、これが直接原因となって再出家したとは考えられない。何か裏にかくされたものがありそうだという気がする。それには聖戒もか

かわっているのであからさまに書くことができない。そこで「聖としかとは里にひさしくありては難にあふといへる風情もおもひあはせらるゝ事あり」と書いたのではあるまいか。難にあうとは争いにまきこまれるということであり、争いにまきこまれた聖とは智真を指しているようである。

智真をめぐる殺害未遂事件

これに対応する記事が、「親類の中に遺恨をさしはさむ事ありて、殺害せむとしけるに、疵をかうぶりながら、かたきの太刀をうばひとりて命はたすかったことがあったと伝聞の型式をとって『絵詞伝(えしでん)』（巻二）に記している事件であろう。この事件は「建長年中に法師に成りて学問などありけるころ」であったというが、建長年中といえば智真が聖達のもとで学んでいたので、年時は誤伝であろう。年時が誤っているから、この記事すべてが誤りということにはならない。『絵詞伝』には智真が武装した凶賊におそわれ、敵の太刀を奪って逃げる場面も描かれている。作成された当時、智真に随従していた時衆は未だ生存していた。したがって、ここに記されているもろもろの記事はすべて事実であったとみてよい。年時が多少間違っていたって、時衆や民衆にとってみれば、さして問題とすべきことではないし、気にもとめていなかったであろう。こうした事実

事件にかかわることをおそれて、再出家

は、智真から聞いた事実として記録したものではあるまいか。『聖絵』が具体的に書いていないのは、智真の弟であってみれば、河野家のいざこざは、あからさまに書きたくないという心情から、遠まわしに里にいる鹿にたとえて書き記したが、真教にとっては、聖戒のように秘すべき理由がないので、事実を書きのこしたとみてよいであろう。

では、何を遺恨に思っていたかについては明らかでないが、『一遍上人年譜略』は「一遍上人卅七歳、師の兄通真死す。故に師の弟通政家督を領す。親類の中、謀計ありて其の家督を領し押えんと欲す、先ず師を害せんと欲し、師疵を被うぶりながら、敏かに奪い取り遁る」と記し、父通広が没したのち、一遍の兄通真が相続したが、その兄も亡くなり弟の通政が継ぐことになった。この相続問題をめぐって争いがおきたため、親類のある者がうらみをもち刃を智真に向けたというのである。故国にいたのは弘長三年から文永八年春まで七年ぐらいで、再び出家の身になった。

第二　道を求めて

一　善光寺の参籠をおえて窪寺へ

再出家した理由について「輪鼓地におちてまはりやみぬ。これを思惟するにまはせばまはる。まはさゞればまはず、われらが輪廻も　かくのごとし、三業の所作によりて、六道の輪廻たゆる事なし、自業もしとゞまらば、何をもてか流転せむ、こゝにはじめて心にあたて生死のことはりを思ひしり、仏法のむねをえたりき」(『聖絵』巻一)、輪鼓は回せばまわるし、回さなければまわらない。自分の輪廻転生も、まったく輪鼓のようなものだ。身(行動)と口(言葉)と意(心)の働きによって、地獄・餓鬼・畜生・阿修羅・人間・天上の六つの世界(六道)を生まれかわり死にかわっている。これが生きとし生ける者の定めであり、この流転の輪は自らまわしているのだ。今、進んで自らこの輪を断ちきることができれば、再び六道をめぐることはない、といった生死流転の道理を体得したことによって再出家する決意をしたといっているが、これはあくまで智真をあがめられる清僧とするための意図的表面的なものであって、事実はもっと生々しい、智真が家督を相続したことによって生じた一族の不和といったものであったろう。

一族間の不和が再出家の真因か

『絵詞伝』には武装し抜刀した四人の武士に追われる袈裟衣をつけた僧形の一遍が、奪いとった刀を手にしている姿を描いている。「絵縁起」といったものは民衆を相手に絵解きに用いられたものであったし、それが智真から直接教えを聞き、出家当時の思い出を聞かされたであろう時衆が見ているからには、そらごとではすまされなかった。『聖絵』や『絵詞伝』によれば、智真は見るからに「頬骨の張った鷲鼻の目つきの鋭い」「眉毛は太く後頭部が大きく突出」した大男で「凶賊に襲われても、素手で、敵の太刀を奪って逃れる機敏さ」をもっていた（石田善人「再掘日本宗教史——一遍」『中外日報』）。

智真の面貌

文永八年（一二七一）の春、智真は信濃国の善光寺に詣でた。善光寺の本尊阿弥陀如来は「天竺の霊像として、日域（にちいき）の本尊となり」「酬因の来迎を示して影向を東土の境にたれ」た生身の仏（『聖絵』巻一）としての信仰にささえられていた。生身の仏とは、現に極楽浄土にいて説法している生き仏であったから、善光寺に詣でれば阿弥陀仏にまみえること

信濃国の善光寺に参籠

二河白道を感見し、二河の本尊を描く

ができると信じていた。智真が善光寺に参籠したのにも、そうした意図があった。阿弥陀如来から、直接指示を受けたいというのである。ここで「己証の法門を顕し、二河の本尊を図し」たといえば、唐の善導が『観経疏散善義』に記した二河白道のすがたが、頭の中に思いうかんだのであろう。

一方には火の焔がもえさかり、一方では水がさかまくなかに一本の白道が通っている。焔や水は常に道をなめるようにおかそうとしている。この道を通りぬけようとしていた旅人がいた。その旅人が途中まで来たとき、追いかけてくる人がいた。前にも進めないし、うしろにもひけない。絶体絶命、どうなることかと思いあぐんでいたとき、前から声がかかってきた。「気にすることはない。真しぐらにやって来い」と。前方は彼岸で理想の世界、後方は穢土、火の川、水の川は煩悩を意味している。煩悩にさいなまれているのが私たちの心であり、正しい教えをもつことを教えたのが二河白道の喩えであり、法然は「今更に行者のために、一つの譬喩を説き、信心を守護して、もって外邪異見の難を防がん」(原漢文)といって、この譬喩を『選択集』に引文している。理想の世界、極楽浄土には阿弥陀如来がましまし、この土には釈尊がいて、浄土への導きをしている。

伊予国の窪寺で、十一不二偈を感得

その浄土への導きをうけているのが凡夫（ぼんぷ）である。こうした火の川と水の川、弥陀と釈尊と凡夫を一幅の絵にしたのが「二河の本尊」であった。

「二河の本尊」を感見した智真は、文永八年の秋、帰国したのち伊予国の窪寺（くぼでら）に「青苔緑蘿の幽地をうちはらひ、松門柴戸の閑室」をかまえ、自らえがいた「二河の本尊」を掛け、三年のあいだ、ここで「万事をなげすてゝ、もはら称名」した。その結果、

十劫正覚衆生界　一念往生弥陀国
十一不二証無生　国界平等坐大会

十劫の昔、法蔵菩薩は正覚（さとり）を得て阿弥陀仏となったが、そのとき衆生の往生を決定し、往生が約束された（十劫正覚衆生界）。衆生は弥陀を念ずるただ一回だけの念仏で、生きながら弥陀の国に往生することができるのだ（一念往生弥陀国）。十劫の昔、法蔵菩薩が正覚を得て仏になったのと、衆生がただ一回の念仏で往生するのとは同一であり、そこには生もなければ死もない（十一不二証無生）。弥陀の国と衆生界とは一つのものであり、法会の会座には仏も衆生も同時同座につらなっている（国界平等坐大会）という意味をもつ十一不二（じゅういちふに）の偈（げ）を得た。これを「己心領解の法門」といい、以来「すみやかに万事を放下

して、身命を法界につくし、衆生を利益」することになった。窪寺は、重信川をさかのぼった皿ヶ峯の北麓、愛媛県松山市窪野町北谷の窪にあった寺で、ここでは石槌山を中心とした修験道がおこなわれていた。

十一不二の意味するところ

十劫の昔、法蔵菩薩が大慈大悲の心をおこし、一切衆生をあわれみ救おうとして四十八の大願をおこし、その願を成就して仏となったのが阿弥陀仏である。その弥陀は極楽浄土にあって、五逆十悪の衆生をも、専心に念仏する者は命終時救って下さるという来迎引接、多念往生を説くのが法然の立場であるが、証空は往生を命まさに終らんとするとき、弥陀の来迎にあずかり浄土に往生する当得往生と、平生の信仰によって、この土にいながらその身そのままのすがたで往生を得る即便往生に分けている。証空は法然の弟子であり、

窪寺の庵室における一遍（『聖絵』）

智真の法祖父にあたっていた。当得往生は浄土教的思考から発想したものであり、即便往生は密教的思考に立脚している。当得と即便の一致、臨終と平生の一致を強調しているのが証空の西山義であるが、智真は念仏をとなえるその時その時が臨終であり、念仏はただ今の一念である。一念は機の上からいえば初一念であって、本質的には臨終もなければ平生もない。臨終と平生は同一であるといっている。只今の一念のみで往生できるが、一念でとどまることなく念仏を相続せよ。相続が多念であり時分である。多念は一念のつみかさねである。十劫の昔、法蔵菩薩が阿弥陀仏になったのは、只今の一瞬に、衆生が念仏をとなえて往生するからである。したがって十劫の昔と只今の一念とは不二である、というのが十一不二の意味するところであった。

二　窪寺で「捨てる」ことを決意

菅生の岩屋に、聖戒とともに参籠

窪寺で十一不二の信念を確立した智真は、文永十年さらに四国山地を深く分け入り「観音影現の霊地、仙人練行の古跡」であった浮穴郡（愛媛県上浮穴郡美川村七鳥）の菅生（すごう）の岩屋に参籠した。ここには三十三もの奇巌の高峰がそびえ、それぞれの頂上には社（やしろ）が建つなど山林修行の場になっていた。窪寺では智真は「交衆をとゞめて、ひとり経行」したが、岩屋に参籠したときには、聖戒もひとり随逐し「閼伽をくみて、閑谷の月をになひ」「つま木をたづねて、暮山の雲をひろひなどして、行化をたすけ」（『聖絵』巻二）たという。『聖絵』は岩屋に伝えられている説話を、

昔、仏法いまだひろまらざりしころ、安芸国の住人狩猟のために、この山にきたりてしのぎにのぼりて、かせぎをまつにある夜朽木の侍るに弓をあてゝはりてけり、そののちこの木よもすがら光をはなつ、ひるになりてこれを見るにうへは古木なり、青苔ところぐ〳〵にむして、そのかたちたしかならず、中に金色なる物あり、すがた人にゝたり、この猟師仏菩薩の名躰いまだ見きかざりけるが、自然発得して観音なりといふ事をしりぬ、帰依の心たちまちにおこりて、もつところの梓弓を棟梁とし、きるところの菅蓑をうはぶきとして安置したてまつりぬ、そのゝち両三年をへだてゝ、又この地にかへりきたりて、ありしところをもとむるに、堂宇おちやぶれて跡形も見えず、峯にのぼり谷にくだりて、たづねありくに、草ふかくしてあやしき処あり、たちよりてみれば、ありし蓑のすげおひしげりて、其の中に本尊赫奕として

おはしましければ、うれしくおぼえて、かさねて精舎をかまへ、荘厳をいたして菅生寺と号し、帰衣のこゝろざしをふかくす、われこの処の守護神となるべしとちかひて、野口の明神といはれていま現在せり、かくて星霜をしうつりてのち、用明天皇の御宇震旦(しんたん)の朝使きたりて、隋の文帝のきさき懐胎のあひた霊瑞ありとて、三種宝物（定戒恵箱・鐘・錫杖）をこの観音にたてまつれり、彼の朝使すなはち此の処にとゞまりて、又鎮守とならむとて、白山大明神とあらはれ、堂の南にいははれ給へり、さて其の後この堂に廂(ひさし)をさしそへたりけるほどに、炎上の事ありけるに、本堂はやけずして、後の廂ばかり焼けにけり、其の後又回禄あり、堂舎ことごとく灰燼となるに、本尊ならびに三種宝物はともにとびいで給ひて、まへなる桜の木にのぼり給へり、又次に炎上ありけるに、本尊は又とびいで給ひて同木にまします。御堂は焼けにけり、三種宝物は灰燼の中にのこりて、やけざる物とも見えず、鐘・錫(しやくじよう)杖のひゞき、昔にかはる事なかりけり、此の桜木は本尊出現し給ひし時の朽木のふたたび生え出て枝さし花さける木なり、されば仏法最初の伽藍霊験希有の本尊なり、仙人は又土佐国の女人なり、観音の効験をあふぎて、この巌窟にこもり、五障の女身を厭離して一乗妙典を読誦しけるが、法華三昧成就して飛行自在の依身をえたり、或時は普賢・文殊来現し、或時は地蔵・弥勒影護し給しによりて、彼影現尊にしたがひてをのゝ其の所の名をあらはせり（『聖絵』巻二）

と記している。三年間も生活していた窪寺について、巻一の四段に十行ばかりあてているのにくらべ、僅か半年しかいなかった岩屋については巻二の三分の二以上をあてている。しかも、高峰のひとつの峰に長い梯子をかけてのぼり苦修練行する智真のすがたを描いている。これほど詞書にしても絵にしても、こまかに描写しているところは臨終の場をのぞけば、他に見当らない。窪寺にいたときは、聖戒と共住したようすは見えないのに、岩屋では聖戒も止住していた。ということは、智真よりも聖戒によって、この地は因縁の深い地であったのであろう。

十一不二の論理を体証

ここで智真は「遁世の素意」をいのり「経教を亀鏡（きけい）」として、不動明王を証誠（しょうじょう）として、真宗の口訣を授けられ、正覚を得たという。こうして智真は窪寺や岩屋では、真言密教にもとづく修行をして、十一不二の論理を体証したのち、「舎宅田園をなげすて、恩愛眷属をはなれて、堂舎をば法界の三宝に施与」するという捨聖に徹する信念をもち、詮要となるべきわずかの聖教のみを手にし「修行随身の支具」とした。ここでの修行が機縁となって、家も土地も恩愛眷属も、すべてを捨て、故国を出立することになった。

三　故国を出立して四天王寺へ

妻子とともに、伊予国を出立

智真が伊予国を出立したのは文永十一年二月八日。岩屋での決意を得、一時館に帰ったのち出立したが、そのとき同行したのは妻の超一と娘の超二、それに下女の念仏房であり、弟の聖戒も数日のあいだ同行し、桜井で「同生を花開の暁に期し、再会を終焉の夕にかぎり」師弟の約をむすび、「臨終の時はかならずめぐりあふべし」と約束し、智真は名号を書き、十念を授け、二人は悲涙をおさえて別れた。

四天王寺は極楽浄土の東門

遊行の旅に出た智真が先ず訪れたのは摂津国の四天王寺であった。四天王寺の伽藍から西方をのぞむと、難波の海が見え、海に没する入日（いりひ）の荘厳は弥陀の来迎を思わせる風情があるといわれ、来迎を背にした四天王寺は極楽の東門と信じられていた。「釈迦如来転法輪の古跡、極楽東門中心の勝地」（以上、『聖絵』巻二）、四天王寺は歴代天皇の尊崇もあつく、上東門院は長元四年（一〇三一）「天王寺の西の大門に御くるまとゞめて、なみのきはなきに、西日のいりゆくおりしも、おがませ給ふ」（『栄華物語』殿上花見）たという。『聖絵』を見ると、寺の門前、西大門の西方に木造の鳥居が建ち、鳥居には「釈迦如来転法輪所、当極楽土東門中心」の額がかかっている。この鳥居は永仁二年忍性(にんしょう)によって石造に改められた。西の鳥居の前から南大門の前を通り南に向う道は熊野へ通じている街道で、熊野詣でをする人たちでにぎわっていた。四天王寺は北から講堂・金堂・五重塔・中門が一直線に並び、そのまわりを廻廊がとりかこみ、その外まわりに築地がつくられ、南に重層の南大門、西に楼造の西大門があった。西大門の下で、鳥居に向って智真は、十人ほどの人たちを相手に札を賦(くば)っている。札は伊予国を出立するとき用意してきたのであろうが、四天王寺で「衆生済度しはじめ」たといえば、賦算をはじめたのは、四天王寺がはじめであったろう。

四天王寺で初賦算

四天王寺では「発願かたくむすびて、十重の制文をおさめて、如来の禁戒をうけ」十戒を守る決意をした。十重の制文とは『梵網経(ぼんもうきょう)』に説く十重禁戒のことであり、重とは四十八軽戒に対する重である。この戒を生涯守りつづけたことは「一生つゐに絹綿のたぐひはだにふれず、金銀の具手にとる事なく、酒肉五辛をたちて十重の戒珠を全し給へり」とあることによって明らかであり、戒を持つとともに、「一遍の念仏をすゝめ」衆生済度へと方向を転じた。智真にとっての衆生済度への手段は念仏札をくばること、賦算であった。

法然は行、親鸞は信を重視

衆生は無心になって念仏をとなえさえすれば往生できる。これは法然が長い修行のすえに求め得た成果であった。念仏こそ行じ易く、しかも勝れた教えであると、法然は説いている。易行であるといっても、それはあくまで聖道門と対比した場合の易行であって、その日その日の生活におわれ、余裕のない生活をしている民衆にとって、常に本願を信じ念仏を相続せよといってみたところで、容易にできるものではない。やはり民衆にとっては難行であった。親鸞は阿弥陀仏を信じさえすれば往生できると説いて、信を重視した。信を重視したといっても、いつ信心がおきたのか、また自分の信心が実なりや虚なりやわからないから、いくら念仏をとなえたところで、往生できるという保証はない。法然は行を重視し、念仏を相続することを勧め、臨終のとき阿弥陀仏の来迎を得ると説いている。しかし、往生できるといってみたところで、命終時彼の地に行ってみなければ、わからない。一念で弥陀の国へ往生させるため、往生を確実ならしめる方法はないものだろうか。往生の証しとなるものはないのか。これにヒントをあたえたのが、高野聖が持ち歩いた、六字名号の札であったらしい。

四国は弘法大師空海の生地であったため、古くから真言密教が盛んで、空海が修行したと伝承されていた霊山霊地が各地にあった。かつて、智真の修行していた菅生の岩屋も「大師練行の古跡」であったという。高野山の奥之院には弘法大師自作といわれる「六字名号の印板」(版木)があって、「五濁常没の本尊」として崇拝されていた。「六字名号」をそのまま紙に刷った念仏札をもって、高野聖は全国におもむき、有縁の人たちにくばっていた。大師をしたう人たちは、四国の霊地をたずねていたので、高野聖に接して、念仏札を手にした人もいたであろう。こうしたことが縁となりヒントを得て、智真は念仏札をつくり、くばるようになったのではあるまいか。その場合、念仏札には仏格があたえられた。念仏札は、吹けば飛ぶような紙片であったが、民衆にとっては現世利益の咒符であり、極楽行きのキップであって、往生を約束する物的証拠となった。

四　高野山から熊野へ

四天王寺をあとにした智真は、高野山に登った。『聖絵』には「この山はみね五智を表（あらわ）し、やま八葉にわかれて、両部を一山につゞめ、不二を一心にしめす。かるがゆへに弘法大師帰朝のゝち、猟者のをしへによりて、三鈷の霊瑞を翠松の梢にたづね、五輪の即体を緑苔の洞にとゞめ給へり、凡（およそ）願力によりて依身をとゞむること、天竺には迦葉（かしょう）尊者、はるかに鶏足（けいそく）附受の暁を期し、日域には弘法大師まさに龍華下生（りゅうげげしょう）の春をまち給ふ」（『聖絵』巻二）真言密教としての高野山と、「六字名号の印板をとゞめて、五濁常没の本尊と給へり。これによりて彼三地薩埵の垂迹の地をとぶらひ、九品浄土同生の縁をむす」（同上）ぶ、浄土教的色彩をもつ高野山とをえがいている。本来、真言密教の道場であった高野山が浄土教化したのは、小田原聖教懐と蓮華谷別所を開いた明遍が住して以来のことであったという。平安時代も半ばをすぎるころになると、天台・真言の寺院とそこに住する僧侶は貴族化し、栄達をのみ望むようになり、政争にあけくれするようになった。こうしたとき、静かなところに遁れ、極楽浄土への往生を志向した一群の人がいた。彼らは聖（ひじり）と呼ばれ、別所に住していた。

高野山への参道

高野山にのぼるには、俗に高野七口という七つの登山口があった。そのなか慈尊院から雨引山をのぼり、頂上の北側を越えて、天野峠の東で古沢の西の尾根をすすみ、神田（こうだ）・矢立を経て大門に入る道が、古い表（おもて）参道で、文永・弘安の年号をもつ町石（ちょういし）（道標）も建っているので、智真の登山したのも、この道であったろう。町石は、初め木製の卒塔婆であったが、文永二年（一二六五）覚教が願を立て京都や奈良から寄附をつのり、建治二年（一二七七）に完成したというから、智真が登山したころには大半はできていたし、参道はととのっていたとみてよいであろう。

智真が高野山に登ったのは、文永十一年のこと

高野山の奥之院に詣でる一遍（『聖絵』）

高野山は霊地であり、浄土

であったが、『絵詞伝』には熊野参籠については言及していない。二月のはじめに伊予国を出立し、六月のころ熊野に詣でているので、高野山に登ったのは五月のころであったろう。高野山は女人禁制であったから、同行した三人の尼は女人堂において、智真一人で奥之院に詣でたらしい。

『聖絵』を見ると、奥之院の参道の両側には、高卒塔婆（長足五輪）が林立している。奥之院は弘法大師「入定留身の霊場」であり、「汝極楽に往生せんと欲せば、高野山に住すべし」（『拾遺往生伝』巻上　清原正国伝）というように、高野山は浄土であると信じられていた。古代人は、死者の霊魂は肉体から遊離したとき、現世と隔絶された他界にあると考えていた。その他界は人間が容易に近付くことのできないところに存在していた。それは山中にある場合もあれば、海上の場合もあった。弘法大師が弘仁七年（八一六）勅許を得て開創した以前の高野山は丹生（にう）明神の狩場であったといわれていたが、一面浄土と考えていた古代人もいた。納骨、納髪の風習が高野山にのこされているのは、そうした影響があったからであり、智真にしてみれば、父母のましますところという意識があったから、高野山に詣でたのであろう。

中辺路を通って熊野に登山

高野山を下った智真は、六月のはじめ熊野に登った。『聖絵』に「山海千重の雲路をしのぎて、岩田河のながれに衣の袖をすゝぎ、王子数所の礼拝をいたして、発心門のみぎはに、こゝろのとざしをひらき給。藤代・岩代の叢祠には、垂跡の露、たまをみがき、本宮・新宮の社壇には和光の月かゞみをかけたり」(『聖絵』巻三)と記し、深い谷底を見下す山腹のけわしい山道の絵が添えられているところを見ると、智真の登った道は中辺路であったろう。一行は、高野山からいったん和歌の浦あたりに出て、海岸づたいに藤代・切目・岩代などの王子社を参拝しながら南下し、富田川(岩田河)をさか登る中辺路の山道を踏み分けて、岩上峠・三越峠を越え、発心門王子社から伏拝王子社を経て、本宮に至ったものらしい。この道すじは山また山、断崖絶壁の難路と悪路がつづき、旅人にとって想像に絶する苦しい旅であったが、道中の苦しみが大きければ大きいほど熊野参詣の功徳も大きいという、古代仏教の苦行滅罪の信仰にささえられて、この道は難路とはいえ、中世の熊野参詣者の多く通った道でもあった。

登山の途次道者に会う

この道中、五人の道者と道づれのひとりの僧に出会った。道者のうち二人の女性は、白浄衣の上に上臈のよそおいをしている壺装束に、市女笠をかぶり、裾まで垂れたむくのたれ衣をつけ、伴の女は短いたれ衣を着ている。そのあとから先達の山伏にひきいられた一団の道者がつづき、なかには子供もいる。一族が近隣の人たちをさそいあって参詣したものらしい。そのとき、智真が「一念の信をおこして、南無阿弥陀仏ととなへて、このふだうけ給ふべし」と述べたが、僧は「いま一念の信おこり侍らず、うけば妄語なるべし」といって、受けとらない。そこで智真は「仏教を信ずる心おはしまさずや、などかうけ給はざるべき」といえば「経教をうたがはずといえども、信心のおこらざる事は、ちからをよばざる事なり」と言って、かたくなに受けようとしない。別に仏教を信じないわけではないが、信心がおこらないから念仏が口にでない。だから受けとることはできないという。『絵詞伝』（巻一）はこの僧を律僧としている。律僧であれば不妄語戒を破ることになる。戒を破れば地獄におちる。こうしたことから信じてもいない阿弥陀仏を信じ念仏をとなえることはできないと言ったのであろう。智真と僧はこうして口問答したが、何事がおきたのかと思って、道者たちが集まってきた。僧が受けとらなければ、道者たちも受けとりそうもない気配を感じた智真は、本意ではなかったが「信心おこらずとも、うけ給へ」と要求して、念仏札を渡した。

賦算の反省

智真の賦算は「一念の信をおこし」「南無阿弥陀仏ととなへ」て札をくばるという、起信・称名・賦算の三段階を経て念仏勧進するところに特色があった。ところが、智真は信心もおこさなければ、称名も称えもしないのにむりやりに札をあたえてしまった。果してこれでよいものかと、その行為を反省し、本宮の証誠殿に参籠して権現の啓示を仰ぐことにした。

熊野権現の本地

熊野証誠殿の本地は阿弥陀仏、新宮速玉宮の本地は薬師仏、那智結宮の本地は千手観音という信仰が平安末期からあった。『親鸞伝絵』に「証誠殿の本地すなはち今の教主なり。故にとてもかくても衆生に結縁の志ふかきによりて、和光の垂跡を留たまふ」(巻下)と見え、『一遍上人語録』の門下伝説の条下に「熊野の本地は弥陀なり、和光同塵して念仏をすゝめ給はんが為に神と現じ給ふなり。故に証誠殿と名づけたり。是念仏を証誠したまふ故なり。阿弥陀経に『西方に無量寿仏まします』といふは、能証誠の弥陀なり」と述べているように、熊野の本地は阿弥陀仏であり、権現は阿弥陀仏が神となり、日本に垂迹したもうたものであるといった考えが、広く浸透していた。

熊野参籠の目的

熊野は『万葉集』などに見えている死者の隠るところ、霊魂の隠る地を意味する隠国と同意で、隠野が熊野になったのであろうという（五来重『熊野詣』）。いわば冥土の古語が「くまの」で死者の国を意味していた。死者の国は仏教的用語をもってすれば浄土である。法蔵菩薩はすべての衆生を往生させるという条件で阿弥陀仏となったのであるから、ひとりでもこの世に念仏をとなえ、極楽に往生させてほしいと願っている人がいるかぎり、因位の菩薩の地位にとどまっていて阿弥陀仏とはなっていない。この世に苦しみ悩んでいる衆生がいるかぎり、この世は穢土であって浄土ではなく、阿弥陀仏は現在していない。弥陀のましますのは彼土ではなく此土である。弥陀が一切衆生を救ってやるぞと約束したのは、すでに十劫の昔のことであり、そのとき一切衆生の往生は決定した。南無阿弥陀仏と念仏をとなえたとき、阿弥陀仏は初めて出現すると同時に、衆生は阿弥陀仏と一体になる。一体となったからには衆生とか阿弥陀仏といった区別は消え、南無阿弥陀仏だけがのこる。こうして救世主としての阿弥陀仏（法）と、救われたいと願う衆生（機）とが一体となったすがたが南無阿弥陀仏であり、機法一体の名号であり、この名号を独一名号と呼んでいる。独一名号の南無阿弥陀仏であるからには、生死を超越し、もはや生もなければ死もない。したがって現世にも浄土にも、生者の国へも自由に往来できる。智真はその事実を身をもって体験し、また他人にも知らせたいと願った。そのため死者の国、すなわち浄土である熊野へ行く必要があった。

死者の国の鎮守であった熊野本宮に参籠し、熊野の神霊と交感することによって、熊野権現と同格になり、その本地である阿弥陀仏そのものになって、再びこの土にもどり、生身の弥陀として衆生を済度したいと願った。こうした願いをとげるために熊野に詣でたのではなかろうか。

五　成　道

熊野権現の啓示

熊野本宮に詣でた智真は、証誠殿の社殿で、勧進のおもむきについて神意を得ようとして通夜した。そのとき白装束に長頭巾をかぶった山伏すがたの熊野権現があらわれて、

融通念仏すゝむる聖、いかに念仏をばあしくすゝめらるゝぞ、御房のすゝめによりて一切衆生はじめて往生すべきにあらず、阿弥陀仏の十劫正覚に、一切衆生の往生は南無阿弥陀仏と必定(ひつじょう)するところ也、信不信をえらばず、浄不浄をきらはず、その札くばるべし

熊野権現より啓示を受ける一遍（『絵詞伝』）

と教示した。権現から耳にしたのは、融通念仏をすすめている聖よ、間違ってはいけないぞ、御房が勧めたことによって、今はじめて一切の衆生が弥陀の浄土に往生するのではない。衆生が往生することは、すでに阿弥陀仏が法蔵菩薩と名乗っていた十劫の昔、誓ったことによって決まったことで、今にはじまったことではない。したがって信不信をえらぶこともなければ、浄不浄をきらうこともない、縁ある人たちには誰彼の差別なく、その札をくばりなさい、ということであった。教示を受けたことによって、智真は他力本願の深意を悟ることができた。目を開くと十二－三歳ぐらいの童子が百人ばかりも来て、念仏をとなえたのち、どこへともなく去っていった。百人ばかりの童子は、熊野の一帯に散在している九十九王子であろうという(『熊野詣』)。このときの霊験を教団内では熊野権現の神勅と呼んでいる。

信不信、浄不浄

智真が、「一念の信をおこして南無阿弥陀仏ととなえて、このふだをうけ給べし」といって、阿弥陀仏を信じる心をおこすことを前提としたのに対して、権現は「信不信をえらばず」といっている。浄不浄について、金井清光氏は「浄不浄とは浄と不浄、すなわち僧と俗、男と女、良民と賤民を意味する」(『一遍と時衆教団』)といっているが、今井雅晴氏は「身を浄の状態に保とうとすれば可能なのに保っていない人や、あるいは当時の社会で階層的に不浄であると考えられていた人びと」「人を殺したり盗みをしたり、動物を殺したりする者、また乞食や非人、かったいなどの人びと」などに対して差別的感情をもってみてはいけない、ということを意味しているといっている(『時宗成立史の研究』)。私は、むしろ罪業を消滅した者を浄、念仏を唱えず罪業の消滅しない者を不浄とみている(『時宗の成立と展開』)。

妻子を離別して遊行

熊野権現の啓示をうけて、賦算の論理と方法を教えられた智真は、本宮から舟で熊野川を下って新宮に詣でたが、ここで今まで同行してきた超一・超二に別れをつげ、伊予国に在国していた聖戒には「念仏の形木をくだしつかはす、結縁あるべきよし」（『聖絵』巻三）など、事こまかに消息をしたためて送った。六月十三日のことである。念仏の形木には「南無阿弥陀仏決定往生六十万人」と記されていた。超一は妻、超二は娘。このときの別れは「今はおもふやうありて、同行等をもはなちすてつ」という厳しいものであった。どうぞ、私も一緒につれていってほしいという要求をふりきるという、断ちがたい愛着を断固としてことわった悲痛なひびきが、「はなちすてつ」の語のうちにこめられている。念仏房はその後も随行し、弘安二年信濃国小田切の里で踊念仏（おどりねんぶつ）を修したときには調声（音頭取り）をつとめている。

　消息と念仏の形木は誰に托して聖戒のもとに届けられたかは明らかでないが、托送業務の発達していた時代ならともかく、未発達の世であってみれば、未知の人に托したとは考えられないので、帰国する超一房にもたせたのであろう。賦算は法燈の継承を意味している。とすれば、聖戒にとって消息のしたためられた日、すなわち賦算を許された文永十一年六月十三日は終生忘れることのできない記念すべき日として、記憶されていたのであろう。

六十万人偈を熊野新宮で感得

智真の所持していた念仏札に「決定往生六十万人」と書かれていたであろうことは、真教が人見道場主音阿弥陀仏につかわした消息に「勧進のふだに、決定往生六十万人とみえさふらふ」と記されていることによって明らかであり、その典拠ともいうべきものが、「六字名号一遍法　十界依正一遍体　万行離念一遍証　人中上々妙好華」という新宮でつくった六十万人偈であった。このとき「六字之中　本無生死　一声之間　即証無生」という六字無生頌もつくったというが、『絵詞伝』には見えていない。

六十万人の意味するもの

六十万人は、何を意味するかについて、真教は「六は六字の名号、十は十界の依正、万は万善万行、人は人中の分陀利華なり。これすなはち名号所具の機法のいはれをあらはす、かならずしも数にてはあらずさふらふ。又六十万人は一切衆生の名なり。一切衆生と書いては、一生の勧進に相応しがたきあひだ、六十万人すゝめはてゝは、また始めてすゝむるなり。かぎりなくしては手びろくなるべきゆえに、いつも六十万人とかくなり。六十万人の数は、故聖の時よりわれく又当時の遊行の時まで、おほくかさなるあひだ際限なき名なり」(『他阿上人法語』巻五)と述べ、一応の目標を定めたものであるとい い、聖戒は「引導の機縁かならず六十万人にさだむる事は、仏力観成の要門は諸仏の大悲、ひとへに勤苦の衆生にほどこし、無上超世の本誓は如来の正覚、しかしながら常没の凡夫にとなへて、三祇の起行功を衆生にゆづり、六字の名号証を一念に成ず。かるがゆえに十劫の成道は凡聖の境界をつくし、万徳の円明なる事は報仏の果号よりあらはれて、頓教の一乗、十界を会して凡をこえ聖をこえ、一遍の称名法界に遍じて前なく後なく、有識含霊みなことぐく、安楽の能人、無極の聖と成ずる。他力の難思の密意をつたへて、一切衆生決定往生の記莂をさづくるものなり」(『聖絵』巻三)と記している。

六字の名号は、あらゆるすべての仏の教えをおさめた絶対の教えであり(六字名号一遍法)、現世に生きとし生けるもののすべてが、善悪邪正もろともに、この名号の徳に照らされたとき、その身は仏の本体と同一になる(十界依正一遍体)。しかも、すべての修行は名号のなかにつつまれているのであるから、おのれのはからいを捨て、名号さえとなえれば絶対不二のさとりを得ることができる(万行離念一遍証)。このようにして名号をとなえ悟りを得た人こそ、人間のなかの上々人であり、泥中から咲き出た清浄な白い蓮華の花のような人といえる(人中上上妙好華)。この偈を感得した智真は名を一遍と改め、下化衆生の知識として賦算の旅に出ることになった。この旅を遊行と呼んでいる。

熊野入山の年時

熊野入山の年時について、『聖絵』は文永十一年の夏とし、『絵詞伝』は建治二年夏（文永十二年が建治元年にあたる）、『一遍上人年譜略』は建治元年十二月十五日、『一遍上人行状』は建治元年三月二十五日と翌二年夏の二回入山したと記している。このうち『年譜略』と『行状』は後世の作であるが、『聖絵』と『絵詞伝』は滅後早い時期、門弟の多くが生存していた時代に成立したものである。ところが両書のあいだには年代的に相違がある。その理由について橘俊道氏は「真教の伝記資料を集める際、真教をはじめ一遍の遺弟たちから入手した新しい事実も、一遍伝の中にとり入れたのであろう。そのため登場人物や年月の異伝が起きたものと思われる」（「一遍聖絵と一遍上人縁起絵」『日本宗教史研究年報』三）と述べている。とすれば、一遍の熊野参籠は建治二年が正しく、文永十一年は誤りであるというのである。文永十一年二月八日伊予国を出立したのは、明らかに忘れ得ない日として記憶のなかにきざまれていたのであろうし、六月十三日付の消息も聖戒の手もとに残されていた。こうしてまで、はっきりと年月日を記しているのに、新しい事実を入手したから書き改めたとしたのでは『聖絵』をもとに成道を論ずることはできないが、私は文永十一年成道したという説は正しいものと考えている。

では、なぜ『絵詞伝』はこうまではっきりしている熊野参籠の年時を建治二年としたのであろうか。時衆教団において一遍の後継者を自認している真教が、九州で一遍のもとに入門したのは『絵詞伝』に記しているように建治三年のことであったろう。『聖絵』には明記していないが、建治二年筑前の武士の館に入り、その後大隅正八幡宮に詣で、さらに北上して大友兵庫頭頼泰の帰依をうけ、弘安元年夏伊予国に渡ったというから、建治三年の入門であったと見てよいであろう。一遍の弟子となった時衆は真教が最初であった。そこで真教は、入門の年時を定点として熊野での神勅を感得した翌年、いわば下山後もっとも早く入門したのだということを示そうとして、入門の前年に熊野参籠をもちだしたのではあるまいか。

第三　遊行回国
——みちのくをめざして——

一　熊野をあとにして伊予へ

京都を経て帰国

　熊野新宮でひとりになった一遍は、熊野灘に面した那智神社に詣でたのち、京都をめぐり、西海道を経て建治元年秋のころ「有縁の衆生を度せんため」に帰国した。有縁の衆生とは超一、超二、聖戒といった人たちを指しているのであろう。妻子に再会したといっても、放ち捨て俗縁をたっている身であってみれば、恋しさに会うことはなかったであろう。聖戒は教示の旨を聞いたとしても、すぐには随従できないような事情にあった。そのため、一遍は「国中あまねく勧進」したのち、翌二年再び伊予国を訪れた。その理由について『聖絵』は「事のゆへ」があったからであるといっている。「事のゆへ」が何を意味しているか明らかでないが、これは「釈尊なを報身の恩を報ぜんために王城に住し、生身の恩を報ぜむためにおほく舎衛に住し給といへり、しかあればわれまづ有縁の衆生を度せんために、いそぎ此の国にきたるよしかたり給き」（『聖絵』巻三）という語をうけているから、有縁の衆生である聖戒を教化するのが当面の目的であった。教化するために「いそぎ此の国」にやってきたのであろう。こうして勧化したけれども聖戒は前年返答を保留していたので、その結果を聞くため再度訪れたのではあるまいか。

聖戒も聖達の弟子

当時、聖戒がどこにいたかは明らかでないが、文永十年のころは菅生の岩屋で一遍と共住した。『開山弥阿上人行状』には「大乗戒を聖所讃戒といへり。汝は大乗戒を受持して、広く衆生を利益すべしとて、聖戒と名づけ給ふ」といって、一遍の弟子としているが、一遍の弟子であるなら阿弥陀仏号が付与すべきであるのに、聖の字が付いている。『法水分流記』によれば、一遍が師事した聖達の弟子には聖恵、聖観をはじめ、聖の字を名乗るものが多い。また一遍が再出家をするにあたり「いま一度師匠（聖達）に対面のこゝろざし」のあったとき、大宰府におもむいたが、このとき「聖戒も出家をとげてあひしたが」う身となったというから、聖戒も兄一遍の指示によって、聖達のもとで浄土教を学んだのではなかろうか。聖戒は聖達のもとで文永七年から十年のころにかけ

師聖達に再会

て浄土教を学んだのち、同十年七月には菅生の岩屋で修行していたから、建治元年一遍が伊予国に帰ってきたときにも岩屋にいたのではあるまいか。

伊予国を勧化したのち、九州に渡り、大宰府で聖達に会い、風呂のなかで、仏法修行の物語をしたという。このとき聖達は七十五歳、一遍は三十八歳であった。聖達が「いかに十念をばすゝめずして、一遍をばすゝめ給ぞ」と問うたので、一遍は十念も一念も同じである、南無阿弥陀仏こそ大切である、という十一不二の論理を詳説した。この教説を聞いて感嘆した聖達は「さらば我は百遍うけむ」といって、念仏百遍をうけたと伝えている。

風呂の中で師聖達と仏法を語りあう一遍（『聖絵』）

「一遍をばすゝめ」たという一遍の念仏とは、前もなければ後もない、ただ一回きりの念仏であって、一回きりの念仏によって即便往生もできれば当得往生もできる、ひとりだちのできる念仏が一遍の念仏であった。

一遍の念仏と聖達の念仏

ここに示された一遍とか百遍について、五来重氏は融通念仏の名帳には「日課念仏百遍」というように、念仏の数と日課を誓う人の名を記しているから、聖達を名帳に記入したことを意味するのではないかといっている（「一遍上人と融通念仏」『大谷学報』四一の二）。名帳の関係があったとすると、この物語は聖戒によって附加されたものかも知れない。

一遍のすすめた念仏は、わが身もわが心も南無阿弥陀仏のなかに消えはて、その念仏があまねく宇宙にゆきわたり、生きとし生けるものをすべて包みこんでしまうという念仏であって、ただ一回申しただけでも救われるという念仏であるが、師聖達の念仏は阿弥陀仏が衆生を救いたいという願を立て、長い修行の結果成就した念仏であった。一遍の念仏によって往生するのではなしに、救われたいと願う衆生がより多く念仏申すことを要求していた。当然、ここで一遍は熊野での啓示にもとづいて「一遍の念仏」について説明すべきであったが、それをさけて「十一不二の領解」にもとづいて説明したのは、十一不二の偈の方が西山義的色彩が強く、聖達に理解してもらえると考えたからであろう。

二　九州での遊行

筑前国を遊行

建治二年筑前国を遊行した一遍は南下して大隅正八幡宮（現、鹿児島神宮）に詣でたが、「九国修行の間はことに人の供養などもまれ」で、「春の霞のあぢはひつきぬれば、無生を念じて、永日を消し、夕の雲ころもたえぬれば、慚愧かさねて寒夜をあかす」（『聖絵』巻四）こともあった。破れ衣をまとっているのを見るにみかねた僧から「七条の袈裟のやぶれ」たものをもらい、腰にまきつけて歩いたこともあった。建治二年といえば、文永の役（文永十一年十月）から、それほど歳月を経ていない。元は壱岐・対馬を侵し、博多に迫ったが暴風雨のため敗退した。これであきらめた元ではない。いつ再度来襲してくるかわからない。幕府はそれに対応するため防備をかためることを命じ、建治二年三月十日少弐経資は肥前国深江村の地頭に石塁をきずくことを指示している。石塁の構築は弘安三年九月のころまでつづけられているので、筑前から肥前・肥後と遊行していたころは、そのような作業がおこなわれ、九州ではごったがえしていたであろう。筑前国ではある武士の館をたずねた。『聖絵』を見ると、館のまわりには堀がめぐらされ、その内側には弓矢の料とする矢竹が植えられている。堀を渡ったところが門になっていて、門は矢倉門。その左右には板塀があり、門を入った正面が母屋で馬屋もある。いかにも武士の屋敷といった風情であるが、館のあるじは誰であるかわからない。

筑前国武士の館での問答

一遍が館に入っていったときは酒盛りの真最中であったが、館の主人は身仕度をととのえ、手を洗い、口をすすいで、庭におりたち、念仏札を受けとった。そのまま二人とも話をしない。黙ったままなので一遍は立ち去った。二人は面識がなかったらしい。一遍の立ち去ったあと、一遍の話題がつづいた。主人が「此の僧は日本一の狂惑(まやかし)のものかな、なむぞ、そのたふとき気色ぞ」、この僧は日本一の狂惑(まやかし)者よ、何と偉そうな態度をとっていることよ、というと、居合わせた客人は「さてはなにとして念仏をばうけ給ふぞ」、それならば、なぜ念仏を受けたのか、という。そのとき主人は「念仏には狂惑なきゆへなり」と答えた。こうした話題は誰からともなく、一遍の耳にも入った。この話を耳にした一遍は、「おほくの人にあひしかども、これぞ誠に念仏信じたるもの」と思った。普通ならば人を信じて仏法を信じるようになるのだが、この人は法を依りどころとして人を依りどころとしないという。釈尊最後の遺誡を地でゆくような人だ。こうした人こそ仏の教えにかなったすばらしい人というのだ、珍しいことだ「ありがたかりし事なり」と讃めたたえたという。一遍は仏の使者として、念仏を勧める使命にもえていたから、こうした態度をとったのであろう。

大隅正八幡宮に参詣して神詠を感得

大隅正八幡宮では「とことはに南無阿弥陀仏ととなふればなもあみだぶにむまれこそすれ」という神詠を感得した。八幡宮は『延喜式』には鹿児島神社といい、大隅国の一宮であったが、のち八幡神を祭祀してから正八幡宮と名を改めた。一遍の詣でた当時は本殿・拝殿ともに正面三間、側面二間ほどの規模だったらしい。神詠には、常に南無阿弥陀仏と念仏申しさえすれば、阿弥陀仏と念仏をとなえる衆生とが一体となって浄土へ往生するという機法一体の理がしめされている。「とことは」について、宗門内では十言葉、すなわち十声、十念の意であるといい、一気十念の根拠をなす語であると主張している人もいるが、「一念も十念も本願にあらず（中略）念仏といふは南無阿弥陀仏なり。もとより名号即往生なり。名号の所には一念十念といふ数はなきなり」（『語録』巻下）と述べ、一声十声の念仏も仏の本願ではない。念仏というのは南無阿弥陀仏の名号である。もとより名号がそのまま往生となるのであるから一声の念仏十声の念仏というように数を問題とすべきではない。ただ名号をとなえること自体がたいせつなのだ、といっているところからすれば、「とことは」は十声と限定すべきではなく、常に、といった意味であろう。

大友頼泰の帰依をうく

その後、道を北にとり四国に渡ろうとした矢先、豊後国で大友兵庫頭頼泰の帰依をうけ、衣などの寄進をうけた。頼泰の祖父能直の父は源頼朝、母は大友四郎大夫経家の娘であったが、娘はのち藤原親能に嫁した。当然能直も親能の保護をうけることになったが、成人してからのちは養父の姓を名乗らず、外祖父の姓大友を称し、相模国大友郷を本領とし、二十五歳のときには豊後国に入り、守護職となり、貞応二年（一二二三）十一月二十七日に没した。能直の子が親秀、親秀の嫡男が頼泰で、彼は文永・弘安の両役には大功を立て、正安二年（一三〇〇）九月七十九歳で没したというから、一遍が頼泰に会ったのは五十六歳のときのことであり、一遍はここに「しばらく逗留して法門などをあひ談」じた。こうしたことが縁で風早には東西の二つの阿弥陀堂が建てられ、時衆がおかれるようになった。

三　真教の入門

真教、根本の弟子となり、入門

真教が一遍にとって、最初の弟子であったことは、『聖絵』に「他阿弥陀仏はじめて同行相親の契をむすびたてまつりぬ」（巻四）と記し、『絵詞伝』に「同三年九国を修行し給ける時、他阿弥陀仏はじめて随逐し給」（巻一）と述べ、はじめてと強調していることによって明らかである。他阿弥陀仏は真教といい、一遍没後、師の意にそむいて教団を形成した僧であり、事実上の時衆教団の創始者である。

真教がどこの人であり、またどのようなきっかけで、一遍に師事するようになったかははっきりしていない。『本朝高僧伝』には「世姓は源氏、平安城の人、然阿に侍すること久しき後、一遍真公を師として天下を巡歴す」（巻六十八）と記しているが、著者卍元師蛮が何にもとづいて書いたものか明らかでなく、『相模原市史』（巻一）にも嘉禎二年正月二十七日京都で出生、家系は持明院統の壬生（みぶ）家で、関白藤原良忠の甥であったとして京都出生説をとっているが、出典は明示していない。当麻（たいま）無量光寺所蔵の『麻山集（まざんしゅう）』

には鎮西弁西の弟子で蓮阿弥陀仏と称したとしているが、出生地については言及していない。真教が九州で一遍の教えを聞いて弟子となったことは、一遍が「九国を修行し給ける時、他阿弥陀仏はじめて随逐」したといっていることや、真教自身「建治三年秋の比、九州化導の時、予始めて温顔を拝し奉り、草庵に止宿して一夜閑談せしめ、五更に及ぶまで欣求浄土の法談」をした(『奉納縁起記』)と記していることによってはっきりしているが、石田善人氏は真教の筆蹟は垢ぬけしているので、決して田舎生まれの田舎育ちではなく、かなりの教養と学問を身につけており、また和歌を通じて公家や武士のなかにも多くの知己をもっていたので、京都生まれ、世姓は源氏という所説もあながち根拠のないことではないかも知れないといっている(「再掘日本宗教史——一遍」『中外日報』)。その背景となっているのは遊行してからのちでは、書にしても和歌にしても、教養・学問を身につけることはできないということが前提になっている。しかし、一遍と真教は師弟といっても年齢的には真教の方が二歳上であり、二人が出会ったとき一遍は三十八歳、真教は四十歳であったから、このときはじめて剃髪し出家したのではあるまい。豊後で生まれ、京都あたりで修業をつんだのち、故国に帰ってきていたとき、一遍に出会った

真教の面貌

と考えることもできるのではあるまいか。

真教は当初から他阿弥陀仏と名乗っていたものか、教団の成立を機に他阿弥陀仏と名乗るようになったものか、自ら語っていないので明らかにすることはできないが、聖戒が「他阿弥陀仏はじめて同行相親の契をむすんだ」といっているので、入門当初からそのように呼ばれていたのであろう。後日、これに意味づけしたのが「自他ともに乗托して、生死を離れるが故に、自も阿弥陀仏、他も阿弥陀仏なり。それによって他阿弥陀仏と号せらるべき」という法語であった。

一遍は痩身長軀、眼光烱々として人を射るがごとき気魄をうちに秘めていたのに対し、真教は「眼に重瞳うかびて、纎芥（せんかい）の隔なく、面に柔和を備へて慈悲の色ふかし。応供の徳至て村里盛なる市をなし、利益をのづから用をほどこし、国土あまねく帰伏する有様、誠に権化の人ならでは、かゝる不思議はありがたかるべき事にや」（『絵詞伝』巻五）と述べているように、二重まぶたで柔和をたたえた、慈悲心の深い温厚な人であったらしい。

四　四国から中国へ

大友氏の館に入るまでの一遍は、たった一人で遊行していた。大友の館で真教に出会ったのが縁で、何人かの時衆も生まれ、弘安元年の夏豊後国から伊予国に渡ったときには、「惣じて同行七八人相具して」いた。秋には対岸の安芸国の一宮厳島（いつくしま）神社に参詣し、その後豊後国へと歩みをすすめた。冬のころ備前国藤井（岡山県岡山市西大寺一宮）の吉備津宮（備中国二宮安仁神社）で念仏をすすめていたとき、神主の息子の妻が、夫の留守中一遍の教えを聞いて発心して出家したという事件がおきた。帰宅してみれば、この始末。なぜ出家したかと詰問すると、妻は臆面もなく「たうときすてひじりのをはしつるが、念仏往生の様、出離生死の趣とかれつるを聴聞するに、誠にたふとくおぼえて、夢まぼろしの世の中にあだなる露のすがたをかざりても、いつまでもあるべきなれば出家したる」、尊い捨て聖が来て念仏往生のありさまとか、迷いのうき世をのがれでるにはどうしたらよいかという教えを聞いているうちに、この世にこれほど尊いすぐれた教えがあるものだろうか、はかないこの世にいつまでも生きながらえるものでもない、この上は

備前国吉備津宮で説法

出家して正しい生活をしたいと思って出家したのです、と答えた。この話を聞いた夫は、太刀を脇にかかえ、「件の法師原いづくにてもたづねいだして、せめころさむ」といって出かけて行き、福岡の市（岡山県邑久郡長船町福岡）で説法している一遍に出会った。

今にもおそいかかろうとすれば、「汝は吉備津宮の神主の子息か」と声をかけられた。まだ一度として会ったこともなければ、話をしたこともない。しかも、出家したのは一人だけではないのに、そのものずばりに誰であるか言いあてるとは。未知の人から声をかけられた夫は驚きのあまり「瞋恚（しんに）やみ、害心うせて、身の毛もよだちたふとくおぼへ」もとどりを切り、一遍を知識として出家した。

無悪不造といわれた神主の子であっても、神主といえば僧侶と並んで地方きっての文化人。その人が出家したということを聞き「弥阿弥陀仏・相阿弥陀仏をはじめとして、出家をとぐるもの、惣じて二百八十余人」におよんだという。こうして出家するものが増加するにつれ、自然「時衆」という衆団が形成されるようになった。聖一人から「同行七八人」、さらに二百八十余人へとふくれあがっていった。だが二百八十余人もの人たちが出家したからといって同行させるわけにはいかない。一遍に随従した人はせいぜ

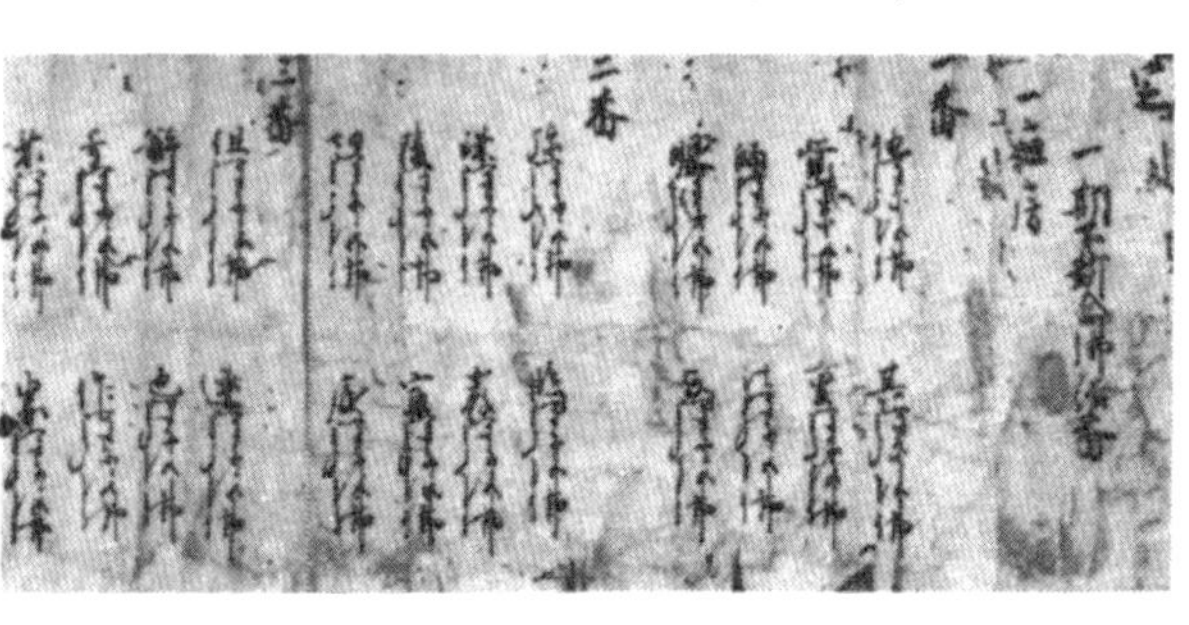

（藤沢市清浄光寺蔵）

道時衆と俗時衆

い二十人ほどしかいない。多くの人たちは在家衆として家にとどまり家業に従事しながら念仏生活にあけくれしていた。このときをさかいに一遍に随従し遊行しながら修行する道時衆と、在俗のまま帰依者のひとりとして、家にいて同じ信仰に生きる俗時衆との区別が生まれた。

「一期不断念仏結番」を制定

　このころ一遍は「一期不断念仏結番」を定めた。これは「番帳」とも呼ばれているが、別時念仏を修するにあたって奉仕する僧のことで、六番に分けているのは一昼夜を晨朝（じんちょう）（午前六時から十時）、日中（午前十時から午後二時）、日没（午後二時から六時）、初夜（午後六時から十時）、中夜（午後十時から午前二時）、後夜（午前二時から六時）の六時に分けたからであり、僧は、堂内に詰めて、念仏を修していた。「念仏結番」には、次のように記されていた。

定

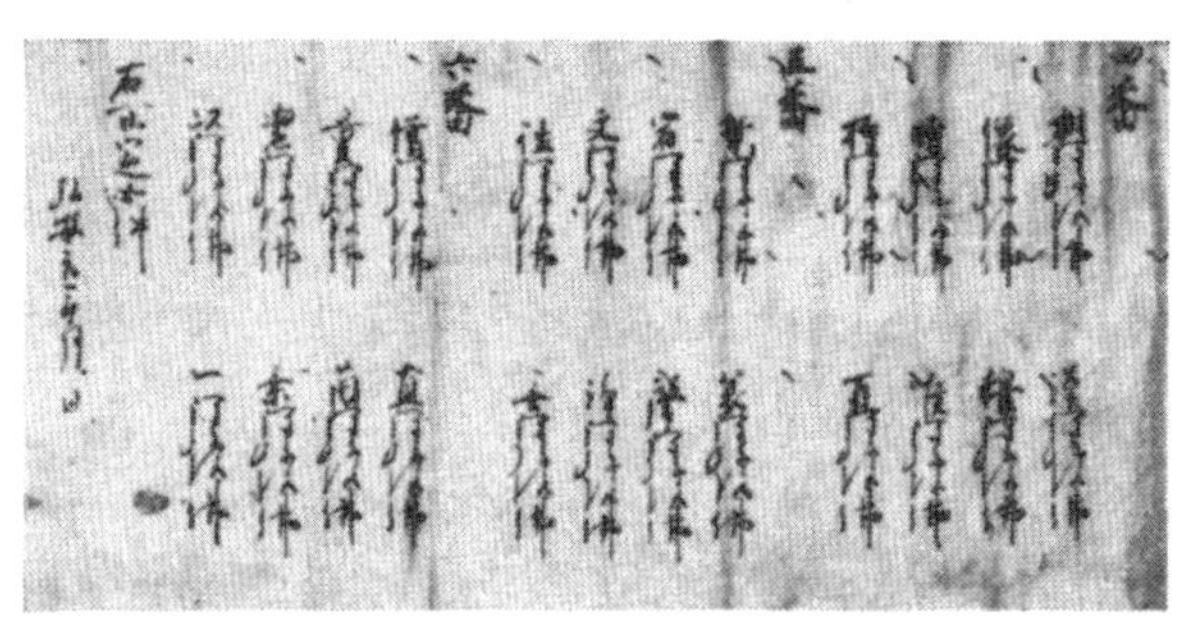

一期不断念仏結番

一期不断念仏結番

一遍房

一番

他阿弥陀仏　其阿弥陀仏

覚阿弥陀仏　重阿弥陀仏

師阿弥陀仏　法阿弥陀仏

眼阿弥陀仏　与阿弥陀仏

二番

弥阿弥陀仏　臨阿弥陀仏

珠阿弥陀仏　厳阿弥陀仏

陵阿弥陀仏　宣阿弥陀仏

切阿弥陀仏　底阿弥陀仏

三番

但阿弥陀仏　連阿弥陀仏

解阿弥陀仏　也阿弥陀仏
号阿弥陀仏　作阿弥陀仏
来阿弥陀仏　界阿弥陀仏

四番

相阿弥陀仏　漢阿弥陀仏
像阿弥陀仏　釈阿弥陀仏
時阿弥陀仏　唯阿弥陀仏
持阿弥陀仏　有阿弥陀仏

五番

梵阿弥陀仏　袞阿弥陀仏
宿阿弥陀仏　声阿弥陀仏
文阿弥陀仏　浄阿弥陀仏
往阿弥陀仏　無阿弥陀仏

六番

僧阿弥陀仏　直阿弥陀仏
量阿弥陀仏　薗阿弥陀仏
潔阿弥陀仏　乗阿弥陀仏
以阿弥陀仏　一阿弥陀仏
右所定如件
弘安元年　月　日

として、四十八名の時衆を載せているところをみると、これが事実であるとすれば、このほかに尼衆もいたであろうことを考えると、一遍が歳末の別時をはじめる時には、随従している時衆のほかに散在していた時衆も集まって来たのであろうか。

五　入　洛

因幡堂（因幡の薬師）に止宿

備前国をあとにした一遍は、その後山陽道を東に道をとって、弘安二年春のころ京都に入り五条烏丸（からすま）の東にあった因幡堂に宿をとった。因幡堂は因幡の薬師ともいい、本尊は薬師如来。信濃善光寺の阿弥陀如来、嵯峨清凉寺（釈迦堂）の釈迦如来とともに、三国伝来の三如来の一として、因幡の薬師は、霊験のあつい霊場として民衆の参詣ことに多く、地方から病気の平癒を祈って参詣する人たちで、堂はみちあふれていた。この薬師について『聖絵』には「此本尊者村上の天皇御宇天暦五年三月橘行平夢想によりて、因幡国賀留の津にして、金色の浪の中より等身の薬師の像をとりあげたてまつる。行平在京の時、長保五年四月虚空をとびて王城に来給へり。其夜そらに声ありて告云、高辻烏丸に仏生国薬師来化し給、結縁すべしと云々。此像者則釈迦如来御自作の栴檀の像、天竺祇園精舎の療病院の本尊也。薬師と弥陀とは因位ちぎりふかくましますゆへに、八菩薩をもて道路を示し、東土の衆生をして西方の宝刹におくらむと願じ給へり。仍てはるかに月氏の雲をいでて日域の堺にうつり給ふ」（巻四）と記している。三国伝来ということは、今現に生きてましますという生身の仏を意味していた。

因幡堂に一遍の一行が入ったとき、寺僧から「か様の修行者はこのところに止住の事いましめあり」と、制止されたので、乞食と一緒に縁の下に寝た。縁の下であってさえ、泊ることができれば雨露をしのぐことができた。風躰からして「か様の修行者」といっているのをみれば、乞食と同類のものと見なされたのであろう。その夜、堂で雑務を管掌していた執行の民部法橋覚順は、今縁の下で眠っている僧は「我れ大事の客人を得たり、もてなすべきよし」という夢のお告げを得た。そこで夜堂内に入れられて廊に宿ることになった。『聖絵』を見ると、一遍は縁にすわり、覚順は庇(ひさし)にすわって対話しているものの、寺僧はあわただしく、畳を東庇の間に敷いている。ここに一遍を招じ入れようとした。縁の下や西の縁では非人が寝ている。以来、八月のころまで一遍はここに数ヵ月のあいだ滞在したが、この一事をもってしても、どこへでも参籠でき、どこへでも泊ることができるような状態ではなく、いかに冷やかな目で見られていたか知ることができよう。

六　再び善光寺へ

信濃国善光寺に参詣

弘安二年八月因幡堂を出立した一遍は、信濃国の善光寺へおもむいた。どのような道を通って信濃路に入ったかはっきりしていないが、後年、祖父通信の墓に詣で、また伴(とも)野(の)では叔父八郎通末の霊をなぐさめるため踊念仏を修していることを考えると、伯父四郎太郎通政は葉広(はひろ)(長野県伊那市西箕輪字羽広)で殺されているので、天龍川をさかのぼり葉広で通政の墳墓に詣でたのち長野入りをしたのかもしれない。京都から長野までの「道の間の日数は自然に四十八日」であったというから、九月の末か、十月初めのころであったろう。『聖絵』に描かれている善光寺は、大道を北にすすむと南大門につきあたり、ここから左右に築地が出て境内をとりかこんでいる。正面に五重塔があり、中門、如来堂とつづき、『絵詞伝』には如来堂の前に大きな台がおかれている。図が描かれているこの台が妻戸棚と呼ばれているもので、現在は本堂のなかにあるという。如来堂は本堂にあたり、本尊は阿弥陀如来。横長の檜皮葺、入母屋造の建物で正面は七間、前後に千鳥破風をつけ、前面に三間の向拝がある。善光寺は治承三年（一一七九）の火災で焼失したのち、源頼朝の援助で再興に着手し、建久二年（一一九一）に供養をいとなみ、嘉禎三年（一二三七）五重塔が完成したものの、文永五年（一二六八）にはまた焼けてしまった。一遍がはじめて、ここに参詣したのは同八年のことであったから、焼失後まだ三年しかたっていない。しかし、十月十九日には再興の供養が修されているので、ある程度完成していたかもしれない。それからさらに八年たった再度の参詣のおりは、かなり整備されていたであろう。

信濃国伴野で歳末別時

善光寺に詣でたのち、佐久郡伴野（長野県佐久市）におもむき市庭の在家で歳末の別時念

のあと、踊念仏をはじむ

仏を修したあと、踊念仏をはじめた。『聖絵』（巻四）には「同年八月に因幡堂をいでゝ、善光寺へおもむき給。道の間の日数自然に四十八日なり。其年信濃国佐久郡伴野の市庭の在家にして歳末の別時のとき紫雲はじめてたち侍りけり」と記したあとに「抑（そもそも）をどり念仏は空也上人、或は市屋、或は四条の辻にて始行し給けり」として踊念仏そのものについて説明し、つづいて「同国小田切の里、或武士の屋形にて、聖をどりはじめ給ける」と述べ、一遍自身の踊念仏について言及している。

　これによれば、歳末の別時念仏を修したのは伴野であり、踊念仏したのは小田切の里であったということになる。しかも、踊念仏したという事実を述べる前に、踊念仏そのものについて説明しているのは不自然であるとして、五来重氏は脱文があったのではないかと指摘し、『絵詞伝』を参考に「　」の部分を挿入して、

　其年信濃国佐久郡伴野の市庭の在家にして、歳末の別時のとき、紫雲はじめてたち侍りけり、「さて其所に念仏往生をねがふ人ありて、聖をとゞめたてまつりける比、すゞろに心すみて念仏の信心もおこり、踊躍歓喜（ゆやくかんぎ）の涙いともろくおちければ、同行共に声をとゝのへて念仏し、ひさげをたゝきてをどりたまひけるを、見るもの随喜

し、きく人渇仰して金磬をみがき鋳させて聖に奉けり、然者行者の信心を踊躍の貌に示し、報仏の聴許を金磬のひびきにあらはして、長き眠の衆生をおどろかし、群迷の結縁をすゝむ」。抑をどり念仏は空也上人、或は市屋、或は四条の辻にて始行し給けり

と訂正すべきであるとしている。これによれば歳末の別時念仏を修したのも、踊念仏したのも伴野のことになる。伴野には承久の乱のとき宮方についた叔父通末が流刑の身となって遠流されていた。もし、このとき通末が生きていれば感激的な場を描いたであろうが、それがなされていないのは亡くなっていたことを示している。伴野を通ったとき叔父通末のことを思い出し、その霊をなぐさめるため踊念仏を修したのではあるまいか。

祖先のみたまをまつり、そのおこないをたたえる呪言を述べたあと、踊って、みたまをなぐさめる風習は古い時代からあった。これが平安時代のころになると葬送に念仏がかかわりあいをもつようになり、呪言も念仏にかかわり、やがて念仏をとなえながら踊る風習が生まれた。それは伝承のように空也がはじめたものでないとしても、空也の出世した時代と前後したころであったろう。

大井太郎との結縁

『聖絵』の絵を見ると、武士の館の縁先に一遍は立ち、手には食器の鉢と撞木(しゅもく)を持っている。これで音頭をとろうとした。庭には十三人ほどの時衆と、四人ほどの在俗者が輪になり、一人の僧をかこみはだしで踊っている。踊っているというよりも跳びはねているといったさまをしている。一人の時衆は鉢、一人はざる、さらにもう一人の時衆はささらのようなものを手にしてたたいている。顔をあおむき加減にしたり、目をつむったりさせて、恍惚状態に描いている。そのまわりには十人ほどの在俗者がいて合掌して見ている。この絵を見ていると、今にもはじまった、突然踊りだしたかのような感を深くする。

一遍が信濃国を遊行したのは秋から冬にかけてのころであり、冬には佐久郡の大井

伴野で初めておこなった踊念仏（『聖絵』）

太郎という武士に結縁した。大井太郎とは大井荘知行の御家人大井太郎朝光のことで、二人の出会いについて『聖絵』には「かの姉にて侍りけるものは、仏法帰依の心ながくたえはてゝ、念仏誦経の思なかりけるが、ある夜夢に見るやう、いへのめぐりに小仏のあまた行道し給中に、たけのたかきをば一遍上人と申と見て、おどろきて陰陽師をよびて、いまみる事は悦か、うれへかととふ、陰陽師めでたき悦なりとうらなひけり、この時発心して聖を請じたてまつりて三日三夜供養をのべて念仏を申き」、大井太郎の姉は仏法に帰依する心もなければ、念仏を申したことも、経を読んだこともない人だった。ある夜、家のまわりに小仏がたくさん歩いている夢を見た。そのなか、ひときわ背の高いのは一遍上人、目がさめたのち陰陽師を呼び吉凶をうらなってもらったところ、めでたい夢である、といわれた。そこで姉は発心し、一遍を招き、三日三晩供養をして念仏した（巻五）、と述べている。法要が終ったのち一遍は帰ったが、このとき集まってきた人は数百人、そうした人たちが、踊りまわったので、板敷をふみおとしてしまった。数百人も集まってきたといえば、一遍の名声は、踊念仏や念仏札を通して遠近に聞えるようになっていたのであろう。大井太郎の姉は「そののち専修の行者となりて、つゐに往生をとげ」たという。

一遍の身長

「ひときは背の高いのは一遍上人」とあるように、信州伴野の市の図（巻四）にみえる一遍にしても、佐久の田園を行く一行中の一遍（巻五）、兵庫の観音堂にて法談している一遍の図（巻十一）をみても、一遍は他の時衆にくらべて背丈は高く、頭ひとつ大きな人だったらしいから一七五センぐらいはあったろう。しかも、長頭。体軀はがっしりした骨格をしている。一応痩身のように見えるが、身長の割合から痩せすぎているとも思えないから、体重は身長一七五セン前後から一〇〇センを引いた七五という数値を標準とすれば七五キロぐらいはあったろう。

七　踊　念　仏

兵部竪者重豪との問答

延暦寺東塔桜本の兵部竪者重豪が「踊りて念仏申さるゝ事けしからず」と、一遍をたずねて難詰したとき、一遍は「はねばはねよをどらばをどれはるこまの　のりのみちをばしる人ぞしる」、跳ねたければ春駒が跳ね踊るように跳ねればよいし、踊りたければ踊って念仏すればよい、そうすれば春駒にのることはできなくても、仏の教えを会得することはできるでしょう、といったところ、重豪は「心こまのりしづめたるものならばさのみはかくやをどりはぬべき」、たけりたつ心の駒をのりしづめるのが法の道である。欲望のままに動きやすい心を静かにおさえるのが道なのに、どうしてそんなに踊りはねる必要があるのでしょうか、といったが、それに対して一遍は「ともはねよかくてもをどれこゝろごま　みだのみのりときくぞうれしき」、ともかく踊りはねたいという心の駒は思うざま跳ねおどらせばよいのだ。そこから得られる歓喜こそが阿弥陀仏の御法の声だと思えば嬉しいことなのだ、と答えている。ここには身心を「静」の状態において仏を見ようとする重豪の立場と、身心を「動」にたかめることによって仏と一体化をはかろうとする一遍の立場の相違を知ることができる。

気ままな心にわく感情や心にわく思いといった飛翔が、人を煩悩のとりこにしてしまうという一般の考えに対して、一遍はどのみち捨てきることのできない煩悩であり情念であるならば、むしろそれを燃えつくすほど燃えあがらせ発散させてしまうのが醇化の道ではないのだろうか、として、その燃焼発散の方法として採用したのが踊念仏であった。「人間には単純なリズムと単純なメロディの反復の中で一つの動作を繰り返してい

踊念仏に対する批判

伴野での踊念仏（長野県金台寺蔵）

ると、次第に興奮状態になり、さらに恍惚状態に入って、いつか、魂の抜けたような、いわゆるトランスの状態に陥るといった生理の傾向があった」（三隅治雄「はねばはねよの民俗」『飛ぶ・跳ねる』）から、時衆も心のうずくままに、鉦をたたきながら「南無阿弥陀仏」と繰りかえし名号をとなえ、思うざま足をはね、首を振り、体をゆすれば、興奮の末に我も忘れてエクスタシーの状態になる。こうした状態になったときを、踊躍歓喜といい、心は仏と一つになったという。

人は、こうした状態を「ものぐるい」といったが、「もの」とは霊魂を指し、「くるい」とは魂が燃焼することである。しかし、「静」を理想とする既成教団の僧や貴族などの知識人は許すことのできないことだといって批判した。藤原有房は「直心浄土なりという文につきて、よろずいつはりすべからずとて、はだかになれども、見苦しき所をもかくさず、偏に狂人のごとくにして、にくしと思ふ人をば、はゞかる所なく放言して、これをゆかしく、たふとき正直のいたりなりとて、貴賤こぞりあつまりし事、さかりなる市にもこえたり」（『野守鏡』巻上）といい、『天狗草紙』の著者は「念仏する時は頭をふり肩をゆりておどる事、野馬のごとし。さわがしき事、山猿にことならず、男女の根をかくす事なく、食物をつかみくひ、不当をこのむありさま、併畜生道の果因とみる」と記している。『野守鏡』は永仁三年（一二九五）、『天狗草紙』は永仁年間（一二九三－一二九九）に成立したものというから、一遍教団の踊念仏を批判したものとみることができるであろう。

仏教では伝燈を重んじている。そうした伝燈重視の立場にある人からみれば、踊念仏は許しがたい宗教行儀であった。藤原有房は「一返房といひし僧、念仏義をあやまりて、踊躍歓喜といふはをどるべき心なりとて、頭をふり足をあげてをどるをもて、念仏の行義としつ」といい、踊躍歓喜を踊る意にとっているのは間違いである、「諸師の祖師一人として、をどる義をたて」てはいない、といっている。では、踊躍歓喜を踊る意だとしているのは、誰であろうか。

踊念仏に対する仏教的位置づけ

はたして、一遍がこのような説明をしたか、どうかははっきりしないが、聖戒は『無量寿経』（巻下）に見える「曾て更に世尊を見たてまつりしものは、即ち能く此事を信ず、謙敬にして聞いて奉行し、踊躍して大いに歓喜す」（原漢文）の文と、唐善導の著書『観経疏定善義』の「行者心を傾け、常に対目す、騰神踊躍して西方に入る」（原漢文）の二文を証拠として、踊躍を位置づけ、文の意は「身を穢国にすてゝ、心を浄域にすまし、偏に本願をあふぎ、専ら名号をとなふれば、心王の如来自然に正覚の台に坐し、己身の聖衆踊躍して法界にあそぶ。これしかしながらみづからの行業をからず、唯他力難思の利益、常没得度の法則なり。然ば行者の信心を踊躍の貌に示し、報仏の聴許を金鎣の響にあらはして長眠の衆生を驚し、群迷の結縁をすゝむ」（『聖絵』巻四）と述べ、弥陀の本願を信じ、専ら念仏申すことによって、心は自然に悟りの花の台にのぼり、身は踊躍して法界にあそぶことができる。踊躍とは信心を得たる喜びをかたちにあらわしたものである、といっている。

しかし、経典に書かれている踊躍歓喜というのは「身心を動さずして、至誠心を表給」（『野守鏡』）うことであり、踊躍することではないといっても、伝統的な宗教儀礼としての踊りといったものがおこなわれていたから、一遍たちの一行が念仏しながら踊っても、人びとは違和感を感じることはなかったのであろう。一遍在世当時すでに「をどり念仏を空也上人、或は市屋、或は四条の辻にて始行」(『聖絵』巻四)したといっているように、京都では踊念仏がおこなわれていたらしい。これについて堀一郎氏は、当時空也念仏と呼ばれる一派があったか、さもなければ時衆のある人が空也念仏を時衆内にもちこんだか、いずれかであろうといっている(『我が国民間信仰史の研究』)。

踊念仏に対する民衆の受容

こうして、むしろ踊念仏は旧教団側の批判をよそに、一般民衆からは好ましい、身近な宗教として迎えられたのではあるまいか。一遍らの一行が踊念仏したのをみて「みるもの随喜し、聞人渇仰」したり、「道俗おほくあつまり結縁あまね」かったと言い、また「童子の竹馬をはする、是をまなびて処々にをどり、寡婦の蕉衣をうつ、これになずらへて声々に唱」え(『聖絵』巻四)たというように、踊念仏は急速に広まっていった。埼玉県行田(ぎょうだ)市酒巻には「弘安十季丁亥秋時正、為踊念仏結衆十七人、二世悉地円満」、宮城県登米(とめ)郡南方村には「正安二年庚子閏七月十五日　右為四十八日踊念仏結衆等　五十余人結衆　敬所奉造立也　所志者為聖霊成仏法楽等也」と書かれた、弘安十年(一二八七)および正安二年（一三〇〇）の年号をもつ板碑がのこされている。これによれば当時すでに十七人とか、五十余人の結縁衆を一グループとした衆団があったことを知ることができる。

八　祖父通信の墓をたずねて

越後国の出雲崎から長野へ入る北国街道は、佐久の追分へと通じ、ここから道はさらに、小野寺・白河の関を経て、奥州にとぬけていた。一遍一行の通った道もこの道であったが、途中小野寺（栃木県下都賀郡岩舟町小野寺）でははげしいにわか雨に出会った。『聖絵』を見ると雨傘や爪折の長柄傘を持っている人がいるので、十二道具のほかに、こうした雨傘も用意していたのであろうか。

時衆の所持したもの

一遍が手にし、時衆に所持することを許したものとして十二道具と呼ばれるものがあった。十二道具とは引入（いんにゅう）・箸筒・阿弥衣（あみごろも）・袈裟・帷（かたびら）・手巾・帯・紙衣（かみこ）・念珠・衣・足駄・頭巾であって、「時衆のほか在俗たがひに相ひ用うる事あるべからず、故にこれを道具という。このほか資具あるべからず、故に員数を定むるところなり」といっているところを見れば、時衆が許されたのは十二の道具だけであり、こうしたものを在俗は用いることもできなかった。しかも「員数を定」めていたといえば、遊行した時衆には制限があったのであろう。

時衆に所持が許されたという引入とは椀や鉢のように飯や汁を盛ったり入れたりする食器、箸筒は食事に用いる箸と箸を入れる容器、阿弥衣は網衣ともいい、粗い木の繊維で編んだ粗末な衣で法衣の上に着るもの、帷は生絹や麻布で仕立てた裏のない夏衣で、法衣の下に着て暑さをさけるもの、手巾は手拭きに用いた腰につけた長い布、紙衣は紙の上に渋を塗って乾かし、揉みやわらかくしたのち、露にさらして渋のくさみをとった冬の防寒のための法衣。時衆は阿弥衣・衣・紙衣といった法衣と、帷・頭巾・手巾・帯といった身につけるもの、それに手にする念珠、引入・箸筒といった食器と、雨の降ったときやぬかるみをさけるための足駄などをもち歩いた。これを適宜とり出して食事したり、身につけたりしたらしい。

こうした道具を十二光箱のなかに入れて持ち歩いた。十二光箱の上には白線を中央にして赤と紺の三色が塗られていた。三色は二河白道をかたどったものであり、赤は熾盛さかまく火焔、紺は荒れくるう大波を意味し、愛念の心のおこることのないようにという誡めもこめられていた。僧と尼が同じ部屋にいたときには十二光箱を一列に並べて、僧座と尼座を区別した。この箱がいつごろから用いられたかわからないが、片瀬の御堂で、仮のひさしを出し、僧と尼とが断食しながら別時念仏している図（『聖絵』巻六）には、はっきり十二光箱が描かれている。片瀬に滞在していたのは弘安五年のことであったから、このころから用いられはじめたのであろうか。『聖絵』によれば、十二光箱が見えているのはこれ以後のことで、それ以前には遊行一行の図は描かれていても十二光箱を用いている図はない。図がないから、鎌倉入りを企ててからのちであろうということにはならないが、そのころになって、座をしきる必要が生じてきたのかもしれない。

小野寺でにわか雨にあった時衆たちの衣服はびっしょり濡れてしまった。尼僧たちまで袈裟・衣をぬいで乾かす始末。これをみた一遍は「ふればぬれぬるればかはく袖のうへを　あめとていとふ人ぞはかなき」と詠んだが、一行十八人が宿ったのは小野寺あたりの寺院。楼門を入っていくと入母屋造の本堂があり、楼門の前にある池のほとりには一行の雨やどりした板葺の堂があった。この堂には人が住んでいたようすもない。旅人の便をはかるためにつくられたものかもしれない。

白河の関（福島県白河市旗宿）を越えれば奥州。山中の坂道に関屋、少しはなれたところに関の明神があった。一遍はここで西行法師が関屋の柱に「関屋を月のもるかげは　人のこころをとむるなりけり」と書きつけた故事にならい「ゆく人を弥陀の誓ひにもらさじと　名こそとむれしら川のせき」と書いたとき、真教も「しらかはのせきぢにも猶とゞまらじ　こころのおくのはてしなければ」と書き添えたという。

祖父河野通信の墓にぬかずく

『聖絵』によれば、大井太郎の屋敷を出発したときの一行は二十二人。刈りとった水田の上を雁の列がとんでいるところを見れば、信州を去ったときは秋のころであり、白河の関のあたりでは常緑樹にまじって紅葉が美しく描かれている。江刺の郡に至って祖父通信の墳墓をたずねたころは秋も深まり、塚のまわりには

祖父河野通信の墓をたずねた一遍（『聖絵』）

通信の墳墓の現状

草も生えていない。東北の早い冬は訪れていたのかもしれない。

水田のなかにのこった墳墓の、人のたけよりも少し高い土饅頭をかこんで、塚のかげにも何人かいるかもしれないが、二十一人の僧尼が坐って念仏しているすがたを『聖絵』は描いている。墓はいかにも流人の墓だといった、土を盛りあげただけの塚のようであるが、その墓が岩手県北上市稲瀬町下門岡水越にヒジリ塚の名で現存していることを、去る四十年七月司東真雄氏によって確認された。塚は十一㍍平方の正方形の土壇の上に築かれ、その周囲には溝があり、溝を渡り土壇をのぼると、また上に土壇がある。土壇は二重になっていて、上の土壇は七㍍平方。この上に土盛りがあって、直径約四・五㍍、高さは三㍍ほどの円墳になっているから型式的には下方上円墳。墓の頂きと溝の外側には石がしかれていた。

ここに詣でた一遍は、墳墓のまわりをめぐり歩きながら転経念仏したあと、

はかなしなしばしかばねのくちぬほど　野原のつちはよそに見えけり
世の中をすつるわが身もゆめなれば　たれをかすてぬ人とみるべき
身をすつるすつる心をすてつれば　おもひなき世にすみぞめの袖

と感懐を詠んだ。流人とはいえ、こうした立派な墳墓が築かれたのは、近くに極楽寺という平安時代のころ創建されたと推定される定額寺があり、当時は政治犯などを出家させて定額寺に流謫(るたく)することがおこなわれていたから、客分として極楽寺に住していたのかもしれない。河野通信の先妻は北条時政の娘であり、通信の長子通俊の次男通重は文永・弘安の役のころ当地方に在住していたことも、流人としては身にあまる墳墓をつくらせたのではあるまいか。

第四　遊行回国

——鎌倉入りをこばまれて——

一　鎌倉は無縁の地

弘安四年春のころ、一遍は同行十八人と雪におおわれた江刺をあとにし、平泉・松島のあたりを勧化したのち、海岸ぞいに常陸国に入ったが、ほとんど素通りのような状態で武蔵国に入った。常陸国を通っていたとき、尼衆が新興領主で幕府にたてつく悪党におびやかされたことがあった。

ある日、時衆の尼をうばいとろうとした悪党がいた。そうした悪だくみをした日の夜、またぶり（股になった杖）を持った僧がやって来て、念仏の行者に危害をあたえるようなことをすると、こうしてくれるぞ、と杖でつつかれている夢をみた。夢さめてみれば中風となり、体の自由はきかない。そこで彼の親は、一遍のもとへやって来て、事のよしを語り助けを乞うた。ところが一遍は「われしらぬ事なり、いろうにおよばず」と言って、とりあわない。尼衆をうばおうとするなんて、とんでもない、自業自得だというのである。だが重ねて歎願したので「さらばゆきて見るべし」といって念仏をとなえると中風はなおったという。

またある時には、一遍を招いて三七日（さんしち）のあいだ（二十一日間）供養をした人がいた。その後、庭を掃除していたら、銭五十貫が溝のなかからでてきた。弥陀を信じ念仏をとなえれば、現世に利益が得られるというのであろうか。踊念仏を修したり、通信の墓に詣でるまでの一遍にはどこにもよらず真直ぐに江刺に行って帰ってくるというように、祖霊をなぐさめたいという心がひしひしと感じられるが、それ以後の一遍の行動には奇瑞（きずい）といった現象があらわれてきている。念仏申すことによって幸福が得られる。念仏札をくばることによって来世の往生を約束してみたところで、今日明日の問題ではない。民衆にとって来世の往生よりも現世での幸福であった。現世利益こそ願うべきことであるという民衆の心をつかんだ一遍には、現世利益を強調することによって、民衆に念仏の縁をむすばせてやりたいという考えが、あったのかもしれない。

武蔵国から相模国へ

武蔵国では石浜を遊行したとき、時衆の何人かが病気にかかったので、病者をとどめおき、一遍は「のこりゐてむかしを今とかたるべき　こころのはてをしる人ぞなき」の歌をのこし出発し相模国に向った。石浜は浅草寺の北方にあたる待乳(まっち)山から橋場にかけての隅田川一帯の地で、奥州街道の道すじにあたっていた。その後、どのような遊行をしながら相模国に入ったかはっきりしないが、三月一日には鎌倉に入ろうとした。弘安五年のことである。弘安四年春江刺をあとにしてから一ヵ年の動静は明らかでない。

『聖絵』を見ると、前後の年記があるのに弘安四年の記事がない。金井清光氏は、この年の欠いている理由について、「確かに不自然であり、しかも続く弘安五年の部分に大きな錯簡があることを併せ考えるならば、現存の聖絵は弘安四年の部分を脱落したか、あるいは故意に削除したものと考えざるを得ない。すなわち原型聖絵には弘安四年の記事があり、そこに当麻道場のことが書いてあったと推定される」(『一遍と時衆教団』)と述べているが、このことは当麻が一遍滅後中心道場となったことに対する聖戒一派の不満があえて削除させたものというのが前提になっているらしいが、当麻道場での留錫(りゅうしゃく)は『絵詞伝』にも記されていない。この論法でいくならば原『一遍上人絵詞伝』には当麻について言及していたが、藤沢に道場が創建されたことによって削除したため、現行『一遍上人絵詞伝』にはのせられていないということになりかねないが、『絵詞伝』にはそのような痕跡はないようである。

「ながさご」の位置、長後か、永谷か

鎌倉入りをする前、二月下旬、二十三日「ながさご」で滞在していた。『聖絵』は石浜の次に「ながさご」に居たという事実を記しているので、どこを通って鎌倉に入ったかは、はっきりしていない。しかし、「ながさご」は、鎌倉からさほど遠いところではなかったらしい。『一遍上人年譜略』には弘安四年の春常陸国を修行したのち、夏武蔵国の八王子を経て、相模国に入り、当麻に道場を建てたことになっている。当麻は厚木から依知（えち）を経て相模川を越える往還と、多摩横山越えに関戸（せきど）から多摩川を下り府中に至る往還の分岐点になっており、町田から中原を通り下総国に行く道も、ここから分れ、古東海道の夷参（いさま）駅を当麻の地に想定している人もある。当麻は相模川ぞいにあるので、南下すれば鎌倉に入ることは可能である。こうしたコースを考えた上で、服部清道氏は「ながさご」を藤沢市長後にあてている。

長後説に対し、横浜市港南区永谷町に想定している人もいる。この地は武蔵国から多摩川を渡り、まりこの宿・駒林・新羽・かたびら・岩井の原・もちゐ坂・離山を経て鎌倉に入る道すじにあったと、文明十八年（一四八六）道興准后の『廻国雑記』のとったコースを参考に想定し、「ながさご」のさごは谷を意味したことばであり、永谷は「ながさご」と呼んでいたであろうということを前提に、長作はその遺称であろうというのである。

三月一日「鎌倉いりの作法にて化益の有無さだむべし、利益たゆべきならば、是を最後と思べき」という悲壮な覚悟をして、小袋坂から鎌倉に入ろうとした。その日は大守すなわち執権北条時宗が「山内へいで給事」があるというので、武士たちが乞食・らい者の群れを追い放っているところへ、たまたま来あわせたのが一遍を先頭とした二十三人の一行であった。当時、山内では北条時宗の発願で円覚寺の建築中であり、十二月八日落慶式のおこなわれているところをみれば、その建築状況を見に行こうとしたのではあるまいか。

鎌倉入りを制止

一行が、ぞろぞろと木戸のなかへ進んできたところで、そこを守っていた武士が、ここから入ることまかりならぬといって通行を制止した。そのとき思うことがあるといって、無理に通ろうとしたため、警護していた小舎人が「聖はいづくにあるぞ」と言ってたずねた。これだけの集団なら責任者もいることだろう。その人は誰かと

鎌倉入りをこばまれている一遍
（『聖絵』）

いうのである。

そのとき「こゝにあり」といって出ていったため、小舎人は「御前にてかくのごときの狼藉をいたすべき様やある。汝徒衆をひきぐする事、ひとへに名聞のためなり、制止にかゝへられず、乱入することこゝろえがたし」、どうして、御前で狼藉するのだ、お前が徒衆を率いて入ろうとするのは名聞のためであろう。制止するのは理由あってのこと、それをも無視して乱入するのだ、といえば一遍は「法師にすべて要なし、只人に念仏をすゝむるばかりなり、汝等いつまでかながらへて、かくのごとく仏法を毀謗すべき、罪業にひかれて冥途におもむかん時は、この念仏にこそたすけられたてまつるべきに」と応酬した。そのため何いうこともなく、二杖ばかりたたかれたという。

「御前」でといっているところを見ると、執権北条時宗の目の前でおこった事件であったろう。『聖絵』には数人の従者をつれた馬に乗った三人の武士が描かれており、その他何人かの人たちが描かれているが、身なりのきちんとした人に対しては追いはらおうとはしていない。追いはらわれているのは、時衆の一行と十一人ばかりのいざり、それに僧躰をした人たちを含めた乞食のむれであった。こうしてみると、時衆たちは身なりからして、乞食らと同類にみられたのであろう。

制止の理由

武士は鎌倉入りを制止するにあたって「鎌倉の外は御制にあらず」と答えている。執権北条時宗の邪魔になるだけなら、身なりのきちんとしている人のように、大守の通るまで道の端によけているように、とさえ言えばよかったし、他の道から入るようにと言ったであろう。ところが、鎌倉では御制であるといっているところからすれば、それなりの理由があったのであろう。仁治元年(一二四〇)二月京都の町にならって、「保」の制度をとり入れ、盗人・辻捕・悪党をはじめ旅人・丁々辻々売買・辻々盲法師・辻相撲・押売の類に至るまで、取りしまりを強化するようになってきた。狭い道路を不法占拠して商売をしている者や、辻を利用してさまざまの興行をしている者をはじめ、幕府に敵対行為をとる者は悪党であると決めつけ、旅人ですら取りしまりの対象にしている。これが宝治元年（一二四七）八月になると、定住地をもたない農民・傀儡師・手工芸者・狩猟をする者は調べあげ、浪人として鎌倉から追放するように、執権北条時頼は指示している。こうしてみると、一遍らの一行は幕府にとって好ましい者ではなかったのであろう。

二　爆発的人気をかち得て

貴賤の人たちから帰依をうく

鎌倉入りをこばまれた一遍は、二度と入ろうとはしなかった。そればかりではない。『聖絵』にはその夜、道のほとりの大木のもとで野宿し念仏していると、どこからともなく在家の人が供養にといって、食べものや衣類などを持って念仏札をもらいにきた。そうした人たちのなかには武士もいれば僧尼もいた。頭上に桶をおいて物をはこぶ女たちもいれば、灯火をつける人もいる、といった絵を描き、「かまくら中の道俗雲集してひろく供養をのべたてまつりけり」「人つゐに帰して貴賤ここにあつまり、法いよくひろまりて感応みちまじはりけり」と記している（巻五）。

帰依を受けた理由

では、どうしてこういう状態になったのであるかについては説明していないが、小袋坂の木戸の入口には町家が立ち並んでいたし、通行人もいた。こうした人たちは、一遍と武士とのやりとりを、どうなることかと息をひそめて見ていた人たちもいたにちがいない。武士に制止されているにもかかわらずむりやり強引に通りぬけようとし、あげくのはてに武士に向って雄々しくも法を説く、一般民衆たちには考えられないことである。こうした死をもおそれない、権力にも屈しようとはしない、武士を向うにまわしての毅然たる態度に、人知れず、それを見ていた人たちは感動した。宗教者の理想像を垣間見た人たちによって、次から次へとささやかれ、一度見てみたいという心にかられ、多くの人たちが集まって来たのではあるまいか。

生阿弥陀仏に十念を授く

道のほとりで一夜を明した一遍は、翌二日片瀬（かたせ）に移り、館の御堂で断食していると、願行の弟子で上総国にいた生阿弥陀仏がたずねて来て十念を受けた。願行は憲静ともいい、後宇多天皇から宗燈国師の号を賜ったほどの高僧で、京都の大通寺・泉涌寺に住したのち、鎌倉に来て大楽寺・理智光院・安養院に止住し、永仁三年（一二九五）没したというから、一遍が片瀬にいたころは鎌倉に住していた。たまたま、そのもとにいた生阿弥陀仏が一遍の名声を聞き、上総国に帰る道すがら立ちよったのであろう。

その後六日には往生院、七日には浜の地蔵堂に移った。以来、ここに七月十五日まで百余日滞在していた。館の御堂は誰かの居館のなかに設けられていた持仏堂のようにも思えるが、『絵詞伝』(巻二)に「弘安五年相模国滝口といふ所にて」とあることからすれば、滝ノ口明神の社(やしろ)を指しているのかも知れない。片瀬の浜の地蔵堂は藤沢市片瀬下町に地蔵目の小字があるので、そこが遺跡であったと推定されている。浜の地蔵堂では二間に四間ほどの踊り屋を建てている。建てているといっても仮設のものであることは床や屋根の型式でもわかるが、踊り屋は周囲の見物人よりも一段と高く、見せるためのものとしてつくられている。床の上では数十人の時衆が胸に鉦鼓をかけ、足をあげ、床を踏みならし、右まわりに円陣をつくって踊っている。伴野での踊念仏にくらべると、三年ばかりのあいだに一段と進歩している。地蔵堂につづいて、十ばかりの堀立の乞食小屋が並び、莚をしいただけのものもある。これらは一遍のもとに集まってくる人たちを目あてにつくられたものであろうか。「七日の日中にかたせの浜の地蔵堂にうつりゐて、数日をくり給けるに、貴賤あめのごとくに参詣し、道俗雲のごとくに群集す」と記しているように、『聖絵』(巻六)には貴人の乗りものが見えている。貴人は誰を指して

つづいて奇瑞がおこる

いるのか、わからないが、一遍の名はわずかのあいだに貴賤や既成教団の人たちから注目されるようになってきたらしい。

三月の末になると、紫雲がたなびき、花が降りはじめるという奇瑞が、つづいておきた。『絵詞伝』には「紫雲の立朝もあり、華のふる夕もあり、瑞相一にあらず」と記している。人びとは不思議議なこともあることよと思い、一遍にその理由をたずねたところ「花の事ははなにとへ、紫雲のことは紫雲にとへ、一遍しらず」と答え、

さけばさきちればをのれとちるはなの　ことはりにこそみはなりにけれ

はながいろ月がひかりとながむれば　こゝろはものをおもはざりけり

と詠じた。こうした奇瑞がつぎつぎにあらわれることは期待すべきこととして歓迎した。奇瑞を目にし耳にした人は、口の端を通じて人知れず伝わっていったことであろう。こうして一遍は期待すべき人として見られ、尊ばれるようになった。難しい教理を説いたところで、民衆は理解できるものではない。奇瑞があると聞けば、無智文盲の人たちは競って集まってくる。奇瑞のあったことは、一遍自身も認めている。弘安九年河内国磯長の聖徳太子の墓に参詣し、日中法要をつとめて三日目、奇瑞があった（『聖絵』巻八）。

このとき、一遍は真教ひとりに耳うちし「たとひ後記にはとゞむとも披露はあるべからず」、たとい奇瑞があったことを記録しても知らせてはいけないぞ、と一本針をさしている。こうして一遍も奇瑞を積極的に認めていく立場をとるようになっていった。「後記にはとゞむとも」といっているところをみれば、一遍の行動を記録にのこすこともおこなわれていたのであろう。

託磨法印公朝から書状をうく

託磨の法印公朝から、

南無西方極楽の教主阿弥陀仏、南無観音・勢至(せいし)諸菩薩清浄大海衆、無二の誠心を照し、専一の勤修を哀みたまわらんことを、歳去り歳来るも往生の願い倦むことなく、若しは坐し、若しは立ち称念の功漸く積りて、上人済度の悲願を聞く、下愚随喜の涙行に溺れ、且つは結縁のため、且つは値遇のため、書信を沙村の浄場に寄せ奉る、引導を金刹の妙土に期せんと欲し、縦(たと)え前後の相違あるとも、慇懃心の芳契忘るることなかれ（原漢文）

という書状に接したのは、弘安五年五月下旬であったというから、片瀬滞在中のことであった。この書状に接した一遍は「一称名号の中に三尊化用を垂れ、十方衆生の前に九品の来迎を顕わす」（原漢文）の偈と、「くもりなき空はもとよりへだてねば　こゝろぞ西にふくる月かげ」の和歌をしたためて返書とした。

三　伊豆から駿河へ

伊豆国三島神社に参詣

七月十六日片瀬を出立した一遍の一行が箱根の山を越え、伊豆国府の三島神社に詣でたとき、「日中より日没まで紫雲たち」、ちょうどそのとき「時衆七八人一度に往生」をとげたという。『時衆過去帳』の十月の条に唯阿弥陀仏・娑阿弥陀仏・大阿弥陀仏・定阿弥陀仏・向阿弥陀仏の僧衆五人と、尼衆の観一房の六人の往生者を記しているのが、それにあたるらしい。七月半ばに出立した一遍が十月三島に着いたとすると、時間をついやしすぎた感がなくもないが、結縁者がいれば長く逗留したことは当然考えられるから、一度に往生したという以上、十月条に記された六人こそ、三島での往生者であるとみて差支えあるまい。紫雲は奇瑞をあらわしたものであった。

伊豆三島神社は伊予三島神社の末社

一遍が三島神社に詣でたのは「伊豆の国府にいたりぬれば、三島の社のみしめ、うちをがみ奉るに、松の嵐木ぐらくおとづれて、庭の気色も神さびわたれり。此の社は、伊

伊豆国三島神社に詣でる人びと(『聖絵』)

予の国三島大明神をうつし奉ると聞くにも、能因入道、伊予国実綱が命によりて歌よみて奉りけるに、炎旱の天より雨にはかに降りて、枯れたる稲葉もたちまちに緑にかへりける」(『東関紀行』)とあるように、伊予の三島大明神を伊豆に移したという本末の関係にあり、しかも河野家の氏神であったという因縁によるものであった。こうした関係にあったことを、一遍を通して社官に話したこともあって、たとえ往生人がでても忌むことなしに結縁することができたのであろう。

『聖絵』には社前で一人の武士が土下座し、地面に額をおしつけて礼拝している姿を描いているように武士の信仰厚い神社であるとともに一の鳥居の前では多くの人たちが遙拝し、平橋の上は参詣者で混雑している。三島神社は民衆によってささえられていた神社であり、こうした神社に一遍は好んで参詣し、法を説き念仏札を授けている。ここでも一遍は楼門の奥の、縦長の切妻造り板敷の幣殿に坐って時衆や参詣人に説法している。

鯵坂入道の入水往生

三島を出立した一行は、山麓まで白雪におおわれた富士山をながめながら、東海道を西にとり、井田まで来たとき、武蔵国の鯵坂入道がおいかけてきて、「遁世して時衆にいるべきよし」を申しでた。『絵詞伝』には「同年（弘安五年）七月比、駿河国井田といふ所におはしけるとき」（巻二）とあるが、三島に来たのが十月であると時間的にあわないが、『聖絵』は雪をいただいた富士山を描いているので、七月ではなく十月のことではなかったろうか。

入衆を申し出たとき、一遍は入衆をこばんだ。なぜこばんだかはわからない。鯵坂入道がどうすれば生死をはなれることができるかと、重ねて問うたとき、一遍は「ただ念仏申して死ぬる外は別事なし」と答えている。そこで、入道は死ねば往生できる、それはたやすいこと、私は先に蒲原（かんばら）に行って待っていましょう、といって別れた。はたして入道は「南無阿弥陀仏と申てしねば、如来の来迎し給と、聖の仰られつれば、極楽へとくしてまいるべし、なごりを惜む事なかれ」「なんぢらつゐに引接の讃をいだすべし」と遺言し、十念をとなえ、「馬にさしたる縄をときて腰」にまきつけ入水してしまう（『聖絵』巻六）。しばらくして、縄をたぐって引き上げたところ、「合掌すこしもみだれずして、めでた」く往生をとげていたという。「引接の讃」というのは、恵心僧都源信のつくった『来迎讃』の「つゐに引接し給て、金蓮台に坐せしめ、即ち仏後にしたがひて、安養浄土に往生せん」の句のことである。一遍は、往生したよしを聞き「こゝろをばにしにかけひのながれ行く　みづのうへなるあはれ世の中」の歌を詠んでいるが、入水にあたり「紫雲たなびき音楽にしにきこへ」合掌乱れていなかったといえば、臨終正念の瑞相をしめした往生人として自他ともに認めていたのであろう。このさまを見、あるいは聞いて人びとが感嘆し、法悦にひたったであろうことは言うまでもない。

入水往生について一遍は、どのように考えていたのであろうか。法然をはじめ、鎌倉仏教の祖師たちは、救済の絶対力は衆生の側にはない、阿弥陀仏のはからいによって往生するのだという立場にたっていたから、捨身往生を認めていない。それは一遍であっても例外ではない。しかし、一遍は命終を前にして「我臨終の後、身をなぐるものあるべし。安心さだまりなば、なにとあらむも相違あるべからずといへども、我執つきずしてはしかるべからざる事なり」(『聖絵』巻十二)、自分が死んだのち身を投げて死ぬ人があるであろう。信心が定っているならば問題はないが、迷いの心がのこっているのに身投げするのは、もってのほかである、といっている。

入水往生と不往生

入水往生は、後年「初祖一遍御入滅之時、遺弟等、知識芳顔ヲシタヒ、忽ニ前ノ海ニ身ヲ投ゲシ時衆六人ナリ。然ルニ二祖化導ノ方便ヲ儲テ、門徒ノ法度定メシ時、我家ノ師資相承ノ末祖等、知識ノ掟ヲ守リ、一統ノ行儀ヲ堅クシテ、本願ノ一途ニ順ヒ、自力ノ我意ヲ用ベカラズ。今度先師ノ余波ヲ惜ミ、身命ヲ捨ル心底、随テ浅カラズ。是皆自力ナリ。末代ニ於テ此ノ義ヲ有スル時衆アラバ、永ク門徒ノ同行ト為スベカラズト云々。仍テ彼六人不往生ノ人数ニ棄テラレキ」(『遊行十六代四国回心記』)として、「自力ノ我意」を用いたということを理由に不往生と判定された。不往生とは一度あたえられた往生を、知識の手によって取り消されたことを意味している。知識とは、教団における絶対者であり、生ける仏であって、具体的には一遍や、一遍のあとを継いで遊行上人になった人であり、知識には念仏札をあたえて往生できることを保証する権利と一度あたえた往生をとりけす権利、すなわち往生与奪の権があたえられていた。

四　尾張から美濃へ

尾張国甚目寺で結縁

弘安六年には尾張国甚目寺（じもくじ）（愛知県海部郡甚目寺町）に招かれ「七日の行法」を修しはじめたところ、供養の資力もなくなり、食べるものにも事欠くようになってきた。甚目寺の僧がそれを心配しているようすなので、一遍は「断食によりて法命つくることなし、かならず宿願をはたすべし」と答え、時衆ともども熱心に行法を修していた。その夜、萱津（かやず）（甚目寺町萱津）の宿にいた有徳人、すなわち富裕な土地の実力者は二人して、甚目寺の本尊の脇に安置していた毘沙門天が萱津の宿まで出てきて「我大事の客人をえたり、かならず供養すべし」と告げた夢を見た。翌日、寺に行き供養していたとき、さっと風が吹き御帳があがり、毘沙門天は御座から足を踏み出したすがたをして立っていたという。

甚目寺と毘沙門天

甚目寺は、その昔尾張国の海部（あま）郡から中島郡にかけて居住していた甚目連（はだめのむらじ）の氏寺として創建された寺で、本尊は聖観世音菩薩。脇侍が毘沙門天と持国天。本尊の聖観音は長野善光寺の阿弥陀如来と、筑前国大宰府安楽寺の勢至菩薩と三体一具の三国伝来の仏という伝承があったから、一には善光寺にゆかりのある寺と聞き、心をうごかされて参詣したものらしい。金井清光氏は、毘沙門天が奇瑞をしめしたのは、「毘沙門が融通念仏の守護神であることと、また毘沙門が俗に現世的な福徳の神として信仰されていたこととの、二面が結びついた説話」(『一遍と時衆教団』)であろうといっている。

萱津は京都から鈴鹿峠を越え伊勢路を経て尾張国に入る旧東海道と、美濃国から関ヶ原・垂井(たるい)・墨俣(すのまた)を経て尾張国に入る新東海道の合流点にあった宿で、「かやつの東宿の前を過ぐれば、そこらの人集りて、里も響くばかりにのゝしりあへり、けふは市の日になむ当りたるとぞいふなる。往還のたぐひ手毎に空しからぬ家づとも、かのみてのみや人にかたらむとよめる花のかたみには、やうかはりて覚ゆ」(『東関紀行』)というよ

甚目寺の山門(愛知県海部郡甚目寺町)

悪党が制札を立てて保護

うに栄えたところで、こうした宿には新興の財力豊かな人たちが住んでいた。しかも、こうした人たちは仏法の守護と福徳をあたえることを誓願としていた毘沙門天を信仰することによって、福徳を得ようとしていた。宿は市と同じように、人の多く集まるところであったから、一遍にとっては、また格好の布教所でもあった。

毘沙門天から一遍の一行に供養するよう言われたことによって、福徳人はさっそくその用意にとりかかった。『聖絵』を見ると、本堂に十二光箱を並べ、それを境にして僧と尼が坐り、その左端に等身大の毘沙門天が立ち、その前に一遍が坐っている。本堂前の楼門付近には食べものを大急ぎで運んでいる女や下人のすがたが見え、『絵詞伝』は境内に大きな数個の飯櫃や汁櫃をすえ、それを囲んで大勢の僧俗をはじめ乞食・らい者たちが椀に盛った飯をたべたり、盛ったりしているようすを描写している。

尾張から美濃国にかけて遊行していたときには、悪人たちが「聖人供養のこゝろざしには、彼の道場へ往詣の人々にわづらひをなすべからず。もし同心せざらむ者にをきては、いましめをくはふべし」という制札を立てた。制札を立てたのは、朝廷でもなければ幕府でも領主でもない、悪党だった。悪党といっても、強盗・殺人のような悪人を意味しているのではない。幕府が理想的な政策をおしすすめるための障害となった、幕府の支配体制からはずれた新興の武士団ともいうべき名主階級の人たちを、当時の人たちは悪党と呼んでいた。悪党はたがいに横の連絡をとっていた。時衆も幕府の目からみれば好ましい衆団ではない。好ましからぬ衆団と見ていたからこそ、鎌倉入りを阻止した。阻害されている時衆を自分たちの同類とみて、庇護しようと積極的な動きをみせたのが悪党であり、悪党は制札を立てて一遍の遊行を保護した。保護したからこそ「三年があひだ、海道をすすめ給に、昼夜に白浪のおそれなく首尾緑林の難なし」(『聖絵』巻七)と述べているように、難にあうことなく遊行することができたのである。

五　近江路で

一遍は美濃から近江路に入り、草津(滋賀県草津市草津町)・関寺(滋賀県大津市)を経て、京都に入った。ある日、中夜(午後十時から午前二時まで)の勤行もおわり、寝静まってからのち、急に雷が鳴り「雨あらく風はげ」しくなった。一遍は眠れない。そのとき「かたはらに侍」っていると、一遍は「たゞいま結縁のために、伊勢大神宮のいらせ給に、山王もいらせ給なり。不信のものども小神たちに罰せられて、おほく病悩のものありぬとおぼゆるぞ」と暗示めいたことを言った（『聖絵』巻七）。伊勢大神宮や山王権現がやってきて、不信の者は罰をうけて病気になるものがいるだろうというのである。はたして雨もやみ、朝になり病のよしを聞くと、十三人もいて寝こんでしまったという。一遍は霊能のもち主だったらしい。この話を聞いたのは誰であったかわからないが、「かたはらに侍りしかば」といって名を明かしていないところを見ると『聖絵』の著者聖戒自身だったのではあるまいか。聖戒は伊予で別れるとき「再会を終焉の夕にかぎりたてまつりていとまを申」したといっているが、終焉のときに侍っていることは事実であるが、このとき約束したように参りましたとは言っていない。時折り連絡をとりながら会ったが、ある時期から従う身となったのではあるまいか。

　ある野原を通っていたときのことであった。白骨のおびただしく横たわっているのを見た一遍は、

　をしめどもつゐに野原に捨ててけり　はかなかりける人のはてかな

　はかなしやしばし屍の朽ぬほど　野原の土はよそにみえけり

皮にこそ男女のいろもあれ　骨にはかはる人かたもなし

と詠んでいる（『絵詞伝』巻三）。大雨が降れば洪水となり、これに風が加われば、せっかく稔った稲も倒れてしまう。天災のあと決ってやってくるのは不作であって、それは飢饉をともない、さらに疫病まで流行するというありさま。栄養の欠けている人たちが疫病にかかれば、ひとたまりもなく感染し、それは死においやっていく。そのような人たちは野捨てにされた。捨てられた屍は、るいるいと積みかさねられた。そうしたすがたは、村はずれの野原では、往々にして見られた光景だった。死は人として、さけることのできないものであったが、野捨ての屍を見るごとに、いかに生くべきかを真剣に考えた。地獄をいとい、浄土をねがう心は、自然のうちにかもしだされた。当時の人たちは地獄・極楽の存在を信じて疑っていない。念仏によって救われる。それは奇瑞を見ることによって、往生の確かさを知ることができた。

横川の真縁と結縁

南江州は比叡山延暦寺のお膝もと。ここでは「おほく山門（延暦寺）の領たるによりて、ひさしく帰依の事しかるべからざるよし」の指令が出ていた。それを承知の上で横川の真縁がたずねてきた。横川は比叡山の三塔（東塔・西塔・横川）の一つ、ここには嘉祥元年

（一〇四八）慈覚大師円仁が開創した首楞厳院があり、源信も慧心院に止住して『往生要集』を執筆したという比叡山での念仏の故地。真縁がたずねてきたので、数日のあいだではあったが、「化導わづらひなく」過すことができたといえば、真縁は比叡山での有力者の一人であったろう。

関寺で念仏修行

関寺では園城寺（三井寺）から念仏禁止の申入れがあった。そこで止むなく逢坂の関近くにあった関寺のほとりの小堂で一宿することになったが、堂守の化導しようとするのも因縁であるからという好意によって、七日間の行法を許した。賦算と踊念仏によって、人びとの関心をあつめた一遍の行動は耳づてに伝えられ、賦算を受けようとする人が多く、また智徳ある人たちとも法談したこともあり、さらに「二七日延行」することになった（『聖絵』巻七）。また『絵詞伝』には比叡山桜本の兵部阿闍梨宴聡をはじめ学匠たちが関寺でののしったり、さまたげをした由を記しているが（巻三）、『聖絵』には宴聡との出会いを「江州守山のほとり、琰魔堂といふ所におはしける時、延暦寺東塔桜本の兵部竪者重豪と申人、聖の躰を見むとて参りたりけるが」（巻四）と記しているので、守山でのことであったかもしれない。宴聡はのち「発心して念仏の行者となりて、安楽の五坊

近江国関寺で納骨を依頼している人（『聖絵』）

に籠居」していたが、のち、「小野宿の辺小泉といふ所に庵室結て、五穀を断じ、名号を唱て往生をねが」っていたという（『絵詞伝』巻三）。宴聡と重豪が同一という証拠はないが、同じ桜本に住していたので同一人とみてよいのではあるまいか。

関寺は古くは世喜寺ともいわれ、東海道に面して建っていた。『聖絵』を見ると、門を入ったところに四角い池があり、中の島には相当に広い踊り屋が設けられ、時衆たちが二列になって踊念仏をしている。門の入口には三間に一間ほどの板葺の仮小屋があって、そとに四本の木製の頭部に五輪をきざんだ高卒塔婆が立っている。小屋のなかには二人の僧がいて、燈籠型をした飾り箱に骨壺を入れた納骨の受けつけをしている。淀で念仏しているところでも、大柳の下に仮小屋を建て塔婆の受け付けをし、すでに九本の五輪塔婆が建っている。こうしてみると、時衆は踊念仏にあわせて塔婆供養もすれば、納骨も受け付けている。多分に踊念仏は魂まつりの要素をもっていたようである。

踊り屋の諸様式

踊り屋にはさまざまの形があった。片瀬の踊り屋は二間に四間ほどの仮屋根のもので、踊り場を見物人よりも一段高くつくっている。京都でつくった市屋の踊り屋は床を地面から二㍍ほど離し、上部の踊り屋は四方吹き抜け、床下には斜めのささえ木が組まれ、床板は両端に釘が打ちつけられている。三条悲田院の踊り屋は桟敷造りになっている。こうした立派なものから、淡路国二宮でつくったような地面に穴を掘り丸太を立て屋根を葺いたような簡素なものまであった。『聖絵』や『絵詞伝』に記されているのは、時衆たちのつくったものの一部で、記録にとどめられていないものは、もっとたくさんあったであろう。こうした踊り屋の施設が、当時レクリエーションの場がなかったとしても、常設のものがどこにでもあったというわけではあるまい。とすれば、一遍の念仏結縁の場として建てられたものとみてよいのではあるまいか。

職能をもつ時衆

相模国片瀬の踊り屋と、京都三条にあった悲田院の踊り屋をくらべて見ると構造はよく似ている。大きさはともに二間四方、屋根は板葺で三段に押し木が打たれ、踊り場は吹き抜きになっている。二階にしかれている床は片瀬にくらべ悲田院の方が短くて広い。片瀬のものは長さ一間に一尺幅のものを用いているが、悲田院では長さ二間、五寸幅のものを用いている。これは得られた材料によったものであろう。悲田院の踊り屋は床下にささえる木があるが、片瀬のものにはない。こうした多少の差はあっても相似のものがつくられていることは、同一人の手によって成ったと見てよいのではあるまいか。

木材はその地で求められるとしても、踊り屋をつくる工人はどこでも得られるとはかぎらない。遊行している道すがら、人の集まったところを有縁の地として踊念仏を修している。そのとき小屋づくりがなされた。そうした手際のよさから考えても時衆のなかに職人がいて、人数や木材にあわせて、その地にあったものをつくり出したのではあるまいか。木造家屋は何十年ものあいだ健全であるとはかぎらない。神社や寺社では、常に木材を用意して、次の建築の準備をしていた。そうした木材や丸太を提供してもらって踊り屋を時衆の手によって造ったのではあるまいか。

踊り屋をつくるのに、すぐれた技能をもった時衆がいたばかりではない。時衆のなかにはさまざまな技能をもっていた僧尼がいたようである。念仏札にしても、一遍は生涯のうちどのくらいの人にあたえたかわからないが、「凡そ十六年があひだ目録にいる人数二十五億一千七百廿四人なり、其の余の結縁衆は齢須もかぞへがたく、竹帛もしるしがたきものなり」（『聖絵』巻十二）と述べているところからすれば、少なくとも二十五億人はいたであろう。しかし、この数は『礼記内則』の注に「十万を億という」とか、『智度論』に「十万を億となす」とあるので、現在の数え方からすれば、二十五億は間違いで、二百五十万一千七百二十四人ということになる。しかし、それは「目録」にのせた人のみのことで、結縁衆はかぞえがたいといっている。「目録」といってもそれは、一人一人の名を記入したものではあるまい。発行した念仏札の数を集記したものであろう。ときには人間ばかりでなく、野にも山にも河のなかにもいる生きとし生けるものに、手づかみでバラまいたこともあったらしい。それが「山河草木、ふく風たつ浪の音までも、念仏ならずといふことなし」の意味しているところであるという。当時の人口は四百九十九万四千八百二十八人と推計されている（高橋梵仙著『日本人口統計史』）ので、総人口の五〇パーセントほどの人たちに念仏札をくばったことになる。

二百五十万枚の札をつくるとすれば、十五年間の遊行としても、一日平均して四六〇枚の念仏札を作成しなければならない。この念仏札はどこで作ったのであろうか。踊念仏を修せば、またそれだけの札を用意しなければならないし、形木（かたぎ）にしても幾度びかつくりかえられたことであろう。とすれば、時衆のなかには念仏札の形木をつくったり、形木をもとに念仏札を刷り上げた時衆もいたのではあるまいか。また尼衆のなかには、二十余人の時衆の食事をつくったり、衣服を調製する人もいたらしい。遊行中の時衆のすがたは同一であり、同じ衣を着、袈裟をつけている。寄進によって得られたものならば、まちまちであり、また京都あたりまで行って衣服を調達してくることも考えられないので、同一の衣服をまとっていたことは、衣服をつくる時衆のいたことが考えられる。

一遍が近江国に入ったのはいつであったか、はっきりしていないが、弘安六年から翌七年四月にかけてのころであったろう。

第五　遊行回国

——洛を中心に西に南に——

一　空也を先師と仰いで

京都四条釈迦堂での賦算

関寺を出立して入京し、四条京極の釈迦堂に入ったのは、弘安七年閏四月十六日のことであった。釈迦堂は為平親王の邸址に十住心院敬礼寺が建てられ、釈迦如来像が安置されたもので、四条大路と東京極大路の交叉する東北部にあった。この日は、藤原兼仲の日記『兼仲記』によれば雨降りで、雨は翌十七日までつづき、洛中の河川はあふれ、先例にはなかったほどの大洪水になったという。一遍のもとに念仏札をもらいに来た人たちで「貴賤上下群をなし」てごったがえし、「人はかへり見る事あたはず、車はめぐらすことをえざりき」という盛況ぶりであった。『聖絵』によれば一遍は、真教らしい柔和温顔の体格のよい僧の肩車にのって、われ先にと争う人たちに念仏札を渡している。

築地塀のそとには四条大橋を渡ってかけつけて来た牛車、門外にあばれ出ようとしている牛、それを必死になって取りおさえようとしている御者の童、興奮してあばれまわっている馬をおさえている下人、踊り屋の近くまで車をのりつけた貴族の女性を描いている。見るからに一遍の名声が都の人たちに聞えてきたことをしめしている。

一遍が都をあとにして信州におもむいたのは弘安二年のことであった。それからまだ五年しかたっていない。因幡堂では縁の下に寝たこともあったのに、五年後の今は結縁をのぞむ人たちでにぎわい、足の踏み場もない。近江国で説法し、踊念仏をしたとき、無名な乞食同然な僧であったら、迫害を加えることはなかった。一遍が教えを説くことによって、天台

四条大橋を渡る一遍の一行（京都市金光寺蔵『絵詞伝』）

教団まで何らかの影響があると判断したからこそ、迫害を加えようとしたのであろう。それだけ時衆は世人の注目を受けつつあった。

土御門前内大臣の帰依

釈迦堂に七日滞在したのち、烏丸松原の因幡堂に移ったが、ときに土御門前内大臣がたずねて来た。この人は「入道さきのうちのおほいまうちぎみ」(『絵詞伝』巻三)と同一人である。土御門前内大臣を名乗る人は二人いた。通親とその子定通であるが、二人とも

弘安七年には没していたので、この人ではない。とすれば定通の子三条坊門入道通成であったらしい。通成は文永六年四月二十三日内大臣に任じられたが、同年十一月九日には辞任し、翌七年十二月十三日に出家して性乗と名のり、弘安七年には六十歳で在世していたから、土御門入道前内大臣というにふさわしい人であろう。

通成は帰宅したのち「一声をほのかにきけどほととぎす　なをさめやらぬうたたねのゆめ」と詠んだが、時に、一遍は「ほととぎす名のるも聞もうたゝねの　ゆめうつつより外の一声」、ほととぎすの鳴くのも聞くのも、まだ醒(さ)めやらない夢のうち、夢からさめたと思っても、まだ夢のうちである。まことの念仏は夢も現(うつつ)もこえた一声でなければならない。迷いもさとりもこえた南無阿弥陀仏の声こそが大切なのだ、という意味の

歌をつくって返歌とした。また、「出離生死のおもむき」すなわち迷いの世界からはなれるにはどうすればよいかとたずねられたときには、「他力称名は不思議の一行なり、弥陀超世の本願は凡夫出離の直道なり、諸仏深智のおよぶところにあらず、いはむや三乗浅智心をうかゞはむや、諸教の得道を耳にとゞめず、本願の名号を口にとなへて、称名のほかに我心をもちゐざるを、疑なく慮(おもんぱかり)なく、彼の願力に乗じて定めて往生を得るといふ、南無阿弥陀仏ととなへて我心のなくなるを臨終正念といふ、このとき仏の来迎にあづかりて、極楽に往生するを念仏往生といふ」(『聖絵』巻七)と説明している。

京都での結縁

釈迦堂を去ったのち三条の北にあった悲田院(ひでんいん)や、神泉苑(しんせんえん)姉小路にあった蓮光院に、その寺の長老の招きでしばらくとどまったのち、雲居寺(東山祇園の南)・六波羅蜜寺(大和大路松原東)といった当時民衆の信仰をあつめ、にぎわいを見せていた町寺(まちでら)をつぎつぎに巡礼、「空也上人の遺跡市屋」には数日のあいだ滞在した。ここに殊のほか長くとどまったのは「空也上人は我先達なり」として尊んでいた念仏実践行の先師空也の遺跡地だったからである。『聖絵』によれば二階建の踊り屋がつくられ、二階には床をはり、床下の束柱のあいだには、すじかいが入れてある。まわりには貴紳の乗ってきた牛車が九台

鎌倉入りはかけ

もとめてあり、そのあいだをぬうようにして、多くの男女がひしめきあい、踊り屋の近くには仮設の建物の桟敷(さじき)が用意され、堀川のほとりには片屋根の非人小屋まで並んでいる。一遍の人気絶頂といった感が画面にあふれている。

一遍の京都での滞在は四十八日におよんだ。京都での布教をかえりみて「聖人の風をもちゐること俗をかうることとなし、しかれば関東にして化導の有無をさだめき、かねて思しにすこしもたがはず、いま又数輩の徒衆をひき具して洛中に逗留の事も勘酌あるべし云々、よりて経廻の道場、行法の日数、みなゆへなきにあらず、京中の結縁、首尾自然に四十八日にて侍しが、市屋にひさしく住給しことはかたぐ子細」(『聖絵』巻七)あってのことであるとして、市屋は先師と仰いでいる空也の遺跡だからだ、と述べている。「関東にして化導の有無をさだめ」たというのは、鎌倉での布教にすべてをかけ、むりやりにも入ろうとしたことをいっている。ところが阻止されてしまった。しかし、それも「かねて思しにすこしもたがは」ぬことであったといっているところをみると、鎌倉の状態を承知の上で鎌倉入りを企てたのであろう。政治の中心地での布教が、何ものにもまさると考えていた。いわば鎌倉入りはかけでもあった。それが失敗してしまったの

一遍は空也を先師と仰ぐ

である。

一遍が先師と仰いだ空也は、自ら父母のことを口にしたこともなければ、語ろうともしなかったので、出自ははっきりしていない。だが「ソコハ貴キ上人ニオハス。天皇ノ御子トコソ人ハ申セ、イトカタジケナシ」（『宇治拾遺物語』）といわれていたところをみれば、彼自身は秘して語ることはなかったにしても、一般には天皇の御子であると信じられていたようである。若年のころは優婆塞として、身に悪虱がつくのもいとわず、市井に乞食し、道路が極めて悪く、人馬がそのために苦心しているのをみれば、鍬を肩にし石を削って歩きやすくしたこともあった。また渠川に橋を架けて交通の便をはかったこともあれば、野原に捨てられた屍骸を一ヵ所にあつめ、油をそそぎ念仏をとなえて廻向したこともあった。尾張の国分寺に入り、剃髪し名を空也と改めたのは、二十歳をすぎてからのことであったが、乞食の生活はここでピリオドをうつことなく、天慶元年（九三八）京都に入ってからも依然としてつづけられ、布施があれば自らの用にたすことなく、貧者や病者にほどこしたという。そのため市聖とか、在俗の人たちを救いたいという一念から、つねに阿弥陀仏の名号をとなえて化益したということで、阿弥陀聖と呼ばれたという。のち天暦二年（九四八）比叡山にのぼり、座主延昌に師事して得度し、天台宗の僧となり、沙弥名空也を光勝という大僧の名に改めたが、天台の修行をよそに、終生かわることなく、念仏をとなえ、その教えを説いてまわったという。

一遍が空也を追慕しているのは、諸国を遊行して念仏をすすめた念仏聖としてのすがたに共鳴したからであり、空也の「名を求め、衆を願うことをせば、身心疲れ、功を積み善を修することを為せば希望多し。孤独にして境界無きには如かず、称名して万事を抛つには如かず、閑居の隠士は貧を楽しみと為し、禅観の幽定は閑を友と為す、藤衣・紙衾は是れ浄服、求め易く盗賊の恐れ無し」（原漢文）の言葉を口ずさんだ。しかも一遍が「身命を山野にすて、居住を風雲にまかせて」遊行し、「身に一塵をもたくはへることなく「絹綿のたぐひ」を肌にふれることもなかったのも、「金銀の具を手」にすることもなく「酒肉五辛」をたつ生活をしていたのも、空也の先蹤をおいたいという心からであった。

二　山城から但馬へ

洛西桂で病床に臥す

弘安七年五月二十二日、市屋を立った一遍は洛西の桂（京都市西京区）に移り、ここでしばし病の床に臥せった。四十六歳の夏のことであり、「秋の比、桂をたちて北国のかたへおもむ」いたといえば、二ヵ月ほど留まっていたのであろうか。五月二十九日には、

それ生死本源の形は男女和合の一念、流浪三界の相は愛染妄境の迷情なり、男女形やぶれ妄境をのづから滅しなば、生死本無にして迷情こゝにつきぬべし、花を愛し月を詠ずる、やゝもすれば輪廻の業、ほとけをおもひ経をおもふ、ともすれば地獄のほのほ、たゞし一心の本源は自然に無念なり、無念の作用真の法界を縁ず、一心三千に遍ずれども、もとよりこのかた動ぜず、しかりといへども自然の道理をうしなひて、意楽の魂志をぬきいで、虚無の生死にまどひて幻化の菩提をもとむ。かくのごときの凡卑のやから厭離穢土欣求浄土のこゝろざしふかくして、いきたえいのちをはらむをよろこび、聖衆の来迎を期して弥陀の名号をとなへ、臨終命断のきざみ無生法忍にかなふべきなり（『聖絵』巻七）

と法語を書きのこしている。『聖絵』によれば桂は丹波街道にそった農村にあった。人通りはあるが、人家はあまり見られない。一遍は三間四面ほどの小堂で説法している。

こうした田舎に二ヵ月も住んでいたのは、病をいやすのが目的であり、穢れたこの世をいとい、極楽浄土に往生したいという志を深くして、息たえ命(いのち)の終るのを待ちのぞみ、浄土から聖衆たちが迎えに来てくれるのを期待して弥陀の名号を称えれば、臨命終時には往生できる、といった意味の法語を書きのこしているところからすれば、一時はかなり重症だったのではあるまいか。

栗田勇氏は「それ生死本源の形は男女和合の一念、流浪三界の相は愛染妄境の迷情なり、男女形やぶれ妄境をのづから滅しなば、生死本無にして迷情こゝにつきぬべし」という語は、生死は男女の和合の一念にもとづくことを認めながらも、愛染の妄境を捨てることによって、無生無死の境に達することができると、苦しい心境をのべたものであろうから、前年の十一月二十一日近江路を遊行していたとき、かつての妻超一房の死を耳にした、短かかった京都での繁忙に忘れていた妻を思い出して書いた法語ではなかったか、と言っている(『一遍上人』)。

山城国穴生で結縁

秋のころ桂をたち、山陰路に道をとり篠村(しのむら)(亀岡市篠町)で「林下に草のまくらをむすび、叢辺に苔のむしろをまふけ」念仏していたところ、「穴生(あのお)(亀岡市曾我部町穴太)より御むかへにまいりたり」と、身なりのあまりよくない七、八人の男がやってきたので、いづこも有縁の地であると、翌朝行って見ると誰が招いたともわからない。この地の人に縁をむすばせようとして穴太寺の観音がすがたをあらわしたのではないかと語りあったという。穴太寺は慶雲二年（七〇五）左大弁大伴古磨の創建した寺で、本尊は薬師如来。ここでも一遍は腹痛をおこし「行歩わづらはし」ということで、二週間ほど逗留しているが、その間「畋猟漁捕を事」とし「為利殺害を業」としていた人たちも「掌をあはせて、みな念仏」を受けにやってきたという。

久美浜での結縁

その後、保津川・由良川ぞいに北上して丹後国に入った。弘安八年五月上旬久美浜（京都府熊野郡久美浜町）で念仏していると、波のなかから龍が出現したのを一遍と時衆の嘆阿弥陀仏・結縁衆のたかはた入道の三人が目撃した。そこから他所へ移る道すがら、一遍は沖の方を見て「たゞいま龍の供養をなさむとするぞ、供養には水を用ふる事なり、たゞぬれよ」と言うと、間もなく雷が鳴り雨が降ってきて、人たちはみな濡れてしまったという。

さらに日本海側に出て、海ぞいに道を西にとり但馬国のくみでは、浜辺から一町（約一〇八メートルばかり離れたところに道場を設けた。そのとき、沖の方で雷を聞いたので「龍王の結縁に来るぞ」と言い、踊りながら日中礼讃をはじめると、たちまちのうちに雷がなりひびき、風雨はげしく、波がおしよせてきて、道場は水びたしになってしまった。行道している時衆たちの「もゝのほどまでひたり」「みなぬれく行道」したが、踊念仏がおわると、何事もなかったかのように、潮は引いてしまった。今まで波のおしよせたことのなかったところだけに、不思議なこともあるものかと、人びとはあやしんだという。こうした現象を一遍は、龍が念仏と結縁するためにやって来たと理解した。予言が的中すれば、時衆や結縁衆は一遍を霊能者と見るようになり、神格化し、信者もいやましに増えてくる。

龍が念仏に結縁

くみの位置

但馬国には「くみ」という地名が見当らないことや、『聖絵』の龍神が出現したという海浜にある踊り屋の上に「久美浜」と注記していることから、久美浜とくみとは同一地点を指しているとみている人もあれば（五来重「一遍と高野・熊野および踊念仏」日本絵巻物集成第一〇巻『一遍聖絵』）、所在している国名が異なっているから、両者は別で、くみは但馬国の美方郡に合併前美含郡という郡名があったので、郡内のどこかにあった海浜名ではなかったかと言う人もあり、また具体的に浜坂町居組をくみの地と想定している人もいる。金井清光氏は「現在国鉄宮津線の久美浜駅から約十分歩いて海岸に出、久美浜小学校付近から久美浜湾を眺めると、この絵と全く同じ風景に接することができる。聖絵は絵も詞書も丹後の久美浜と但馬のくみとを混同しているように思われる」(『一遍と時衆教団』)と述べ、絵から見ると同一地点を指している、といっている。

龍の出現したという意味づけ

龍の出現について、金井清光氏は「善光寺の本尊阿弥陀如来像は、龍宮に住む龍王が目蓮に奉った閻浮壇金で鋳造されたと信じられていたから、久美浜の海中より出現したことは、一遍が善光寺信仰の線にそって遊行賦算していたことと深いつながりがある」(『一遍と時衆教団』)として、善光寺信仰との関係を重視し、栗田勇氏は龍は浄土への道案内とされているから、浄土往生することを意味している、と説いている(『一遍上人』)。水底あるいは水上にあって龍が仏法がおとろえたとき経巻を護持するという、海中の浄土ともいうべきところが龍宮であり、龍宮からの使者が龍、龍は死者をつれて浄土に行くということから、寺院の天井には龍を描くようになった。こうしてみると龍が訪れてきたことは、浄土から一遍が踊念仏を修し、念仏札を授けることは、浄土往生にかなった道であることを認め讃嘆することを意味しているのではあるまいか。

三　山陰道から畿内へ

因幡・伯耆両国を遊行

丹後国から因幡をめぐり伯耆国に入ったところで、冬にかかり、その後おおさかを越えて美作国に入った。因幡ではある老翁から「ものぐさ」という足半(あしなか)草履を四十八箇もらったり、柿の渋で染めた袴を袈裟の地につかうように、といってもらったりした。このとき一遍は、

はきものゝものぐさげには見ゆれども　いそ〳〵とこそみちびきはせめ

けさのぢにおくれればやがてかきばかま　しぶの弟子ともたのみける哉

と詠んで、その好意を感謝した。おおさかでは雪のなかにうずもれてしまい、死ぬほどの苦労をあじわったらしい。それは雪よ降るならば降れ、積るならば積るがいい、止めようとしても止めることができない年のように、どうせ私はこの雪のなかに埋って消え残るような身ではないのか、といった感懐をこめて「つまばつめとまらぬ年もふる雪にきえのこるべきわが身ならねば」の句を残していることによって知ることができる。

雪中遭難したおおさかについて、鳥取県日野郡溝口町大坂を指すものか、同県中山町逢坂八幡宮のあたりをいったものかはっきりしていないが、逢坂八幡宮は貞観七年（八六五）宇佐八幡宮を勧請したというわれをもつ名社で、中世には多くの社領と神僧を擁していたというから、ここに詣でたであろうことは考えられる。

美作国中山神社で結縁

伯耆国からは、古代中世の大和と出雲とをむすぶ出雲路をとおり、中国山地を越えて美作国に入り一宮の中山神社（津山市一宮町）に詣でた。中山神社は「関より西なる軍神、一品中山、安芸なる厳島、備中なる吉備津宮、播磨に広峰三所、淡路の石屋には住吉・西の宮」（『梁塵秘抄』）とうたわれた『延喜式』にも見える式内社であり、古来から牛馬の守護神として知られていた。『聖絵』によれば、門前には参道をはさんで乞食小屋が並び、境内には多くの参詣人がつめかけ、物売りの女たちは犬を追い、琵琶法師のすがたも見えている。こうしたことからみても多くの参詣人がいたであろうことを物語っている。

ところが中山神社では、時衆のなかには「けがれたるものも侍るらむ」ということで、境内に入ることを拒否した。そこで楼門のそとにあった踊り屋で参拝したのち、次の遊

四天王寺に詣でたのち摂津国住吉神社に結縁

行地を求めて出立したが、金森（岡山県勝田郡勝北町西中）まで来たとき、一行は呼びもどされた。一の禰宜が、夢に「一遍房を今一度請ぜよ、聴聞せん」という大明神の託宣を感得したからである。再度、参詣した一遍は、非人は門外にとどめおき時衆とともに拝殿に入ると、みごくの釜がなりだし、その音は二－三町先まで聞えた。みごくの釜とはみ御供の釜と書き、お供えものを調理する釜のことで、当時中山神社には釜に湯をわかし、釜鳴りの音を聞いて吉凶を占う釜鳴神事があったようである。釜鳴りを聞いた宮司は巫女を召して占なわせたところ「われ、この聖を供養せんとおもふ、このかまにてかゆをしてたてまつれ」と神託があり、さっそく粥をつくり供養したところ、釜鳴りが止んだという（『聖絵』巻八）。

翌九年北国をまわって摂津国におもむき四天王寺に参籠したが、在住しているあいだ「或時には瑞華風にみだれ、或時は霊雲そらにたなびく」といった奇瑞をしばしば見たという。次いで「ちぎかたそぎの宮づくり、松風うらなみのをとまで心すみて、異敵を伏せんがために、面を三韓にむかへ、戦場になぞらへて、社を四重にかまへ」た摂津国の一宮住吉神社（大阪市住吉区）に詣でて、念仏や読経をたむけた。ここに詣でたのは、古くからいくさの神としての信仰があり、武士の帰依のあつかったこと、近くは元の来襲の退散に異敵の降伏を祈願した神社の一つであったことを耳にし、かつての武士のひとりとして力強く感じていたからであろう。

磯長の聖徳太子廟に参詣

その後和泉国を経て河内国に移り、磯長（大阪府南河内郡太子町）の聖徳太子の廟（叡福寺）に参籠したが、三日目日中礼讃を修し、御廟に詣でたとき奇瑞があらわれた。もと、ここは太子の生母穴穂部間人（はしひと）皇后の御陵として築かれたものであったが、のち太子とその妃膳（かしわで）臣王女を併葬したので、三骨一廟といわれている。『聖絵』によれば、太子廟の前にある建物は叡福寺、中央の楼門のある塀は左右にひろがり、門を入ると正面に三間四面、入母屋造りの拝殿がある。そのうしろに拝木があって、一遍の一行は一遍を先頭に並び、御陵を拝している。境内にはいくつかの建物があった。高野聖や良忍といった融通念仏にゆかりのあった人たちの宿泊した隔夜堂も、真言宗の浄土堂も、善光寺四十八願所第十三番霊場の念仏堂もその一つであり、念仏堂は善光寺聖の重要な拠点になっていたという。

三骨一廟

聖徳太子は日本仏教をはぐくんだ祖師であったから、その御廟のある叡福寺も八宗兼学の寺であり、各宗のそれぞれの施設がおかれていた。一遍もそうした考えにささえられて参詣したのであろうが、ここには「西土の三尊、権跡を馬台に垂れ、東家の四輩、菩提を安楽に成ず」(原漢文)、西方極楽浄土の弥陀・観音・勢至は日本にあらわれて、弥陀は太子の御母、観音は太子、勢至はその妃となったという思想もあったようである。それを承知の上で参詣した一遍は一面の鏡を寄進したが、その鏡は後日、聖戒が『聖絵』を作成するため訪れたときは「太子の御帳のうしろにかけられ」ていたという(『聖絵』巻八)。境内には融通念仏の祖良忍の墓もあった。

籠山十二年の行をおえた良忍は、比叡山をあとにして、洛北大原にのがれ来迎院を建立したが、以来世のいとなみをたち、思いを阿弥陀仏にかたむけ、六万返の念仏をとなえ、ひとえに往生を願っていた。こうした三昧のうちに生身の弥陀にあい、一人のとなえる念仏の功徳は、ひとりじめされることなく、あまねく一切の人に施されなければならない。一切の人のとなえる念仏の功徳は、さながら一人に融通する。こうして一々相通じ、行いがたがいに融和することは、あたかも灯が照らし、鏡のうつりあうようなものだという意味をもつ「一人一切人　一切人一人　一行一切行　一切行一行　是名他力

往生　十界一念融通念仏　億万百遍功徳円満」の長行と偈頌を感得した。こうして良忍の感得した融通念仏は、より多くの人たちに念仏をすすめることを念願した教えであったから、一世を風靡したこともあった。一遍は「融通念仏すすむる聖」といわれているように、善光寺信仰のみならず、こうした融通念仏の線をもたどって遊行したこともあったようである。

四　当麻寺から石清水へ

当麻寺に参詣

太子廟に詣でたのち、二上山を越えて大和国に入り、当麻寺（奈良県北葛城郡当麻町）に詣でたが、「この寺は天平宝字七年に弥陀・観音化現して、はちすのいとにてをり給へる極楽の曼陀羅安置の勝地」（『聖絵』巻八）といっているように、中将姫法如が蓮の糸で極楽浄土のすがたを『観無量寿経』の説くところにもとづいて織ったと伝えられている

当麻曼陀羅

当麻曼陀羅を安置している寺として知られていた。中将姫の織ったと伝承されている曼陀羅はいたみがはげしく、板にはりつけた糸が点々と残っている程度で、全体を知ることはできないが、図のあとはおぼろげにわかるので、板曼陀羅と呼ばれている。この曼

陀羅をもとに文亀三年（一五〇三）後柏原天皇の命をうけて模写したものが、現在曼陀羅堂に安置されている文亀曼陀羅と呼ばれているもので、三・八メートル平方もある。

一遍が詣でたときの当麻寺について、『聖絵』は「されば、平家南都をせめけるとき、当寺の諸堂みな同くやきはらひけるに、曼陀羅堂一宇のこれり、あやしみて是をみるに檜のしづくしたゝりて、砌をうるをせり、法雨くだりてそゝぎけるにやと不思議なりし事なり」（『聖絵』巻八）と記し、曼陀羅堂のほかは平氏の兵乱によって焼失してしまい、一宇のみしかなかったといい、曼陀羅堂しか描いていないが、このほか奈良時代の建立と見られている東塔や、平安時代の様式をのこしている西塔もあったはずであり、曼陀羅は永暦二年（一一六一）に建立されたものであった。

当麻寺の曼陀羅堂で説法し結縁

曼陀羅堂内には、内陣に当麻曼陀羅を安置する漆塗の須弥壇があり、その前に十二光箱を並べ、一遍は集まってきた人たちに説法しているが、時衆たちのなかには食事の準備をしている人もいる。参籠していたとき、一遍は寺僧から「本願中将の妃の自筆の千巻のうち」の『称讃浄土経』の一巻をもらったが、この経巻は生涯手放すことなく、死を前にして所持していた書籍をおしげもなく焼いたときも、焼かずに書写山の住僧に持

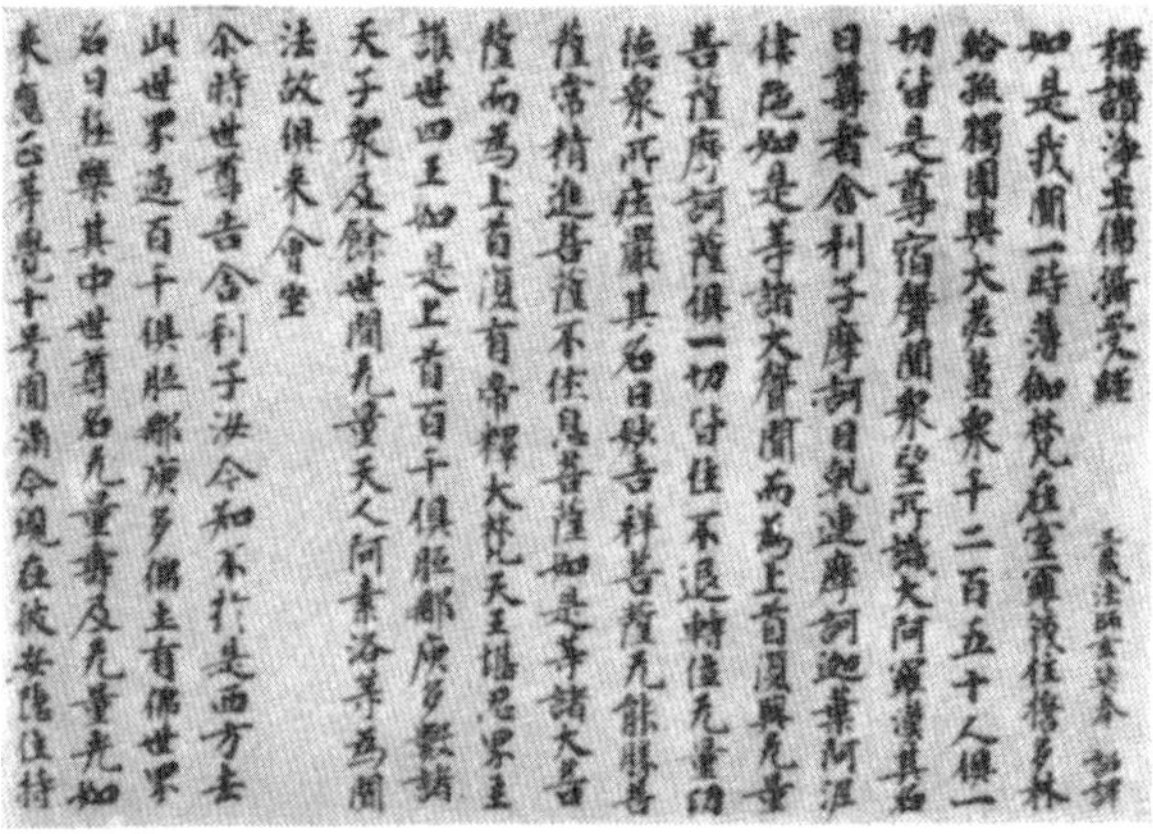

称讃浄土仏摂受経（藤沢市清浄光寺蔵）

たせて贈っている。余程、大切なものだったのであろう。

当麻寺にいたとき、唐善導の『発願文』になぞらえて、

我が弟子等、願はくは今身より未来際を尽すまで、身命を惜しまず、本願に帰入し、畢命を期として、一向に称名し、善悪を説かず、善悪を行ぜず、かくの如きの行人は、本願によるが故に、阿弥陀仏・観音・勢至・五五の菩薩・無数の聖衆（しょうじゅ）、六方恒沙（ごうじゃ）の証誠の諸仏、昼夜六時に相続して間（へだて）なく、影の形に随ふが如く、暫くも離るる時なく、慈悲護念したまへ。心をして乱れざらしめ、横病を受けず、横死に遇はず、身に苦痛な

く、心錯乱せず、身心安楽にして、禅定に入るが如く、命断えなば須臾に聖衆来迎したまへ。仏の本願に乗じて極楽に往生せん（原漢文）

という誓文を書いた。『絵詞伝』（巻三）は「或時書給誓願文云」として、尾張国甚目寺に遊行したという条下にのせているが、誓文は通常神や仏に誓うというかたちで、信念を披瀝し決意をしめすものであるから、ある時、ある場所で漫然と書くことはあるまい。やはり『聖絵』に「この霊場にしてかき給へる」というように、当麻寺でのことであったと見てよいのではあるまいか。

石清水八幡宮に参詣

その後、山城国に出て、冬のころ石清水八幡宮（京都府八幡市）に詣で、歳末の別時念仏は四天王寺で修した。石清水八幡宮は、貞観元年（八五九）大安寺の僧行教が宇佐八幡を勧請したもので、石清水八幡宮には八幡神は弥陀三尊の垂跡したものであり、念仏を擁護する神という信仰があった（天永四年四月十八日付石清水八幡護国牒）。ここに参詣したとき、一遍は「往昔出家して法蔵と名づけ、名を報身に得て浄土に住す。今娑婆世界の中に来り、即ち念仏の人を護念すとなす」（原漢文）という八幡大菩薩の託宣を得た。ここで『聖絵』の編者聖戒は「因位の悲願、果後の方便、ことぐく念仏の衆生のためならずといふ事なし。しかあれば、金方刹(きんぽうさつ)の月をあふがむ人は、頭を南山の廟にかたぶけ、石清水の流をくまむたぐひは、心を西土の教にかけざらむや」(巻九)、阿弥陀仏が法蔵菩薩といった時におこした本願、成仏してから民衆を救済するためになされる行いは、すべて念仏する衆生のためでないものはない。したがって極楽浄土(金方刹)の阿弥陀仏(月)を仰ぎ見る人は、頭を八幡宮(南山の廟)の神前に垂れ、石清水八幡宮の流れを汲む人は、心を西方浄土(西土)にかけなくてはいけない、といっている。当時、八幡宮の本地は阿弥陀仏であるという信仰があったから大隅八幡宮にも詣でたのであるが、大隅・石清水両八幡宮ばかりではなしに、遊行の途次訪れた八幡社はこのほかにもあったであろう。

淀の上野を遊行

石清水をあとにした一遍は、淀の上野で踊念仏や賦算をしていたとき、大炊御門(おおいのみかど)の二品禅門がたずねて来た。大炊御門は称号、二品は二位のくらいにいた人、禅門は剃髪した入道を指している。この人は弘安九年権大納言正二位となり入道して嵯峨入道といわれた藤原冬忠の子信嗣のことらしい。淀は木津川・宇治川・桂川の三つの川が合流したあたりをいい、上野は村の上手(かみて)の野で、野は墓地を意味している。『聖絵』に描かれている淀の上野は淋しいところで、人家は二軒しかない。ここが現在のどこにあたるかは知ることはできないが、『米良（めら）文書（もんじょ）』に見える「山城国ヨトノ念仏道場」が、一遍が踊念仏をしたその遺跡地につくられた時衆道場であったとすれば、両者は同一地域を指しているのかもしれない。

『聖絵』を見ると、水田のあいだを通っている道が、宇治川を越えるあたりの柳の大木の下に、卒塔婆が九本立ち、そばに掘立小屋があり、小屋のなかには二人の女性が坐っている。一人の女は申込みをしている。この小屋は、絵から推定すると納骨とか、死者を埋葬するための受付所らしい。少し進むと、板を二枚並べただけの板橋が川にかかっており、板橋を渡ると葬地で、ここでは弓を持った武士や笠をかぶった女など二十数名の道俗たちが囲んでいるなかで、時衆たちは踊念仏している。葬られた死者の鎮魂供養をしているのであろうか。

大炊御門二品禅門に結縁

こうしたときたずねてきたのが大炊御門の二品禅門であった。『聖絵』には禅門がうちわを持っていたが、その柄が少しよごれているのを一遍は気にして、扇をうけとり、小刀で柄を削って返した、という記事をのせている。禅門が手にしていたのはうちわであったか、扇であったか、はっきりしないが、時期的にいえば水田の刈りとりも終った秋もおしつまったころなので、涼をとるためのものではなかった。この記事は何を意味するのか、何をいいたいのかわからないが、金井清光氏は「淀の上野は葬地であったから、死者埋葬の咒具にうちわを持っていたのかもしれない」、禅門に出会ったのは死者の野辺の送りに来たとき、たまたま会う機会にめぐまれたのではあるまいか、といっている（「石清水八幡と淀の上野」『時衆研究』七四）。

五　四天王寺から熊野山へ

四天王寺に詣で、山内入道に結縁

弘安九年の暮には再度四天王寺に詣で、歳末の別時念仏をおこなったが、このとき丹波国の山内入道が、善光寺如来の夢の告げで、一遍のもとに行くようにということで参加した。弓矢を手にしないことを条件に随逐することを許しているので、武士であったと思うが、その本名はわからない。ところが入道は手にしていた。武士であった者が、すべての武器を手放すことに抵抗があったのであろう。それを見てとった一遍が、武器を手にしないと約束しているのに、今なお持っているのはなぜか、となじると「さること候はず」、持っていないという。そのとき、外側に猿の毛皮をつけ、矢を入れて背おう「さるうつぼ」と、弓と手鉾がまぼろしのように目の前にあらわれた。一遍が「それ見よ」となじると「下人等があなづり候あひだ、方便にもちて候」とあっさり所持していることを認め、焼き捨ててしまった。ところが、まだ四寸ほどの刀を身につけていた。「四寸ばかりなる刀をもちたるをば、などかくすぞ、不当の入道かな、たゞいま地獄におちなむず」、まだ隠しているではないか、そんなうそばかりついているようでは地獄におちてしまうぞと誡めたので、ついに取り出し泣く泣く捨ててしまった。こうしたことを一遍が知り得たというのは霊感が働いたからであろう。山内入道は一遍に随従しながら信仰を深め、伊予国窪寺に住み、ここで往生した。窪寺は一遍が若いころ修行した場所であり、窪寺の近くには今でも丹波の地名が残されている。

如一は如仏の同朋

四天王寺にいたとき、如一上人の死に接した。如一は初め仏法上人、すなわち曹洞宗を開いた道元について出家したが、のち西山証空のもとで修行して「一向専修の門」に入った僧で、一遍とは「あひたがひに、心ざしあさからぬ中」であった。京都にいたころ一遍の師聖達や清水の華台とともに、父如仏も同時代証空のもとで学んだときの同朋であったらしい。十二月二十八日の朝、歳末の別時をしていたとき如一はたずねてきた。一遍と対面して帰ったあと、「けふいなばやと思へども、此の聖の別行にてあるに、心しづかに結願せさせむと思ふなり」、今日往生したいと思ったが、往生すると別時をつとめている一遍に迷惑をかけてしまうので、心静かに待ち、終ってから往生したいと語り、一月一日の夜明けに頭を北に向けて往生した。

歳末の別時念仏

別時とは、一日一夜とか、七日とかをかぎって不断に念仏をとなえながら修行することで別時念仏といったが、一遍は毎月二十五日につとめるほか、歳末には「さる程に、やがて年も暮ければ、別宮の社壇にして、恒例七日の別時ありけるに、三嶋大明神影向ましくて念仏結縁の為にきたるなり」（『絵詞伝』巻四）とか、「凡(およそ)毎年歳末七日の間は、暁(あかつき)ごとに水を浴(あみ)、一食定斎にして在家出家をいはず、常座合掌して一向称名の行間断なく、番帳を定て時香一二寸を過さず、面々に臨終の儀式を表せられけるは、月日空(むなしく)うつりきて、露の命もきゆることはりの至極する所を、行じあらはされけるなるべし」（同上巻五）と述べているように、七日をかぎって「一向称名の行、間断なく」つとめるのが例になっていた。『聖絵』によるかぎり、弘安二年信濃国佐久郡伴野の市庭の在家でおこなったのが、最初であった（巻四）。この年初めておこなったものなら、その旨の註記があるであろうに言及していないのは、それ以前からおこなわれていたであろうことを暗示している。したがって、いつ始まったものかわからないが、以来それは恒例になっていた。

別時の朝、参加する人たちは在家出家を問わず、水垢離（水浴）をして身をきよめた。十二月といえば厳寒のさなかである。歳末の別時は決った場所でやったわけではなく、温暖な南国でやったこともあれば、吹雪の吹きすさぶ北国でやったこともあったであろう。潔斎したあと、時衆たちは常坐合掌し、臨終の思いに住して、ひたすら念仏した。「念仏結願の後、晦日の暁、元日の朝、大衆に対して法文のたまふ事あり」（『絵詞伝』巻十）と述べているように、七日の結願がすぎれば元日の朝を迎えた。いわば民間の年越しの行事に、念仏が加味されたものが歳末の別時念仏であったといった方がよいであろう。

歳末の別時念仏は一ツ火の原流

この別時念仏会は、今でも「一ツ火」の名のもとに、滅灯と点灯を中心に、参詣する人の気候的、時間的便宜をくみ入れ、一ヵ月繰りあげて、十一月十八日から二十八日までおこなわれている。この法会に接した角川源義氏は「一ツ火の称名は清潔で、音楽的で、中世の無常と救済が咒詞のように同居しており、この称名とおどりに狂喜し、来迎摂受を欣求した中世びとの思念が納得できた」(『遊行寺の一ッ火』)と述べている。

七日の結願を終えた一遍は、外の方を見て「如一房の往生したるとおぼゆる、ゆきてきけ」といって使をつかわすと、如一房の方からも、命終したという通知をもって走ってくるのに出会った。如一房は、生前釈迦の涅槃像のように死にたいと願っていたが、それに違うことなく往生した。そのようすを聞いた一遍は「まことによし、法師もかくこそあらむずれ」、私もそうありたいといい、自ら葬送したという。『聖絵』には、松明(たいまつ)をかかげた僧を先頭に、如一房の遺骸をのせた輿がつづき、そのあとを一遍はじめ時衆たちがついてゆく、といった葬送の図を描いている。

四天王寺で時衆制誡を執筆

四天王寺に滞在していたとき「時衆制誡」を定めた。「発願かたくむすびて、十重の制文をおさめて、如来の禁戒」を定めたのも、文永十一年四天王寺でのことであった。「制誡」には、

専(もは)ら神明の威を仰ぎ、本地の徳を軽んずることなかれ

専ら仏法僧を念じ、感応力を忘るることなかれ

専ら称名の行を修し、雑行を勤修することなかれ
専ら愛する所の法を信じ、他力の法を破ることなかれ
専ら平等の心を起し、差別の思(おもい)を成すことなかれ
専ら慈悲の心を起し、他人の愁(うれい)を忘るることなかれ
専ら柔和の面を備え、瞋恚(しんに)の相を現わすことなかれ
専ら卑下の観に住し、憍慢の心を発すことなかれ
専ら不浄の源を観じ、愛執の心を起すことなかれ
専ら無常の理を観じ、貪欲の心を発すことなかれ
専ら自身の過(とが)を制し、他人の非を謗ることなかれ
専ら化他門に遊び、自利の行を怠ることなかれ
専ら三悪道を恐れ、恣(ほしいまま)に罪業を犯すことなかれ
専ら安養の楽を願い、三塗(さんず)の苦を忘るることなかれ
専ら往生の思に住し、称名の行を忘ることなかれ
専ら西方を持念し、心を九域に分つことなかれ

専ら菩提の行を修し、遊戯(ゆげ)の友と交わることなかれ

専ら知識の教えを守り、恣に我意に任(まかす)ることなかれ（原漢文）

と記されている。『奉納縁起記』には、この末尾に「我れ遺弟等末代に至るまで、此の旨を守り、努々(ゆめゆめ)三業の行体を怠ることなかれ」（原漢文）の文があったとしているが、一遍は教団の形成を否定し、化導は一代かぎりであるといっているので、「我れ遺弟等」と呼びかけることもなければ、「末代に至るまで、此の旨を守」るようにというはずもない。おそらく、この一文は教団を相続した真教によって、書き加えられたものであったろう。

四天王寺から、どのような道をたどったかについて、『聖絵』は「さて天王寺をたちて、はりまのかたへおはしけるに」（巻九）と述べて、播磨国を遊行したように記しているが、望月華山氏は真教の書いた『奉納縁起記』に四天王寺に逗留し、「時衆制誡」を書いたのち、「其の後、復夢想の告有り、当山に参詣したまい、参籠したまうこと三七日し、訖(おわ)って後ち万歳の峯に於て、石の卒塔婆を立て、これを吉祥塔と名づく。聖(ひじり)、親しく名号を書し、自手(みずか)ら其の文字を彫る。此の石は尋常の石に非ず。乃(すなわ)ち権現の本地金

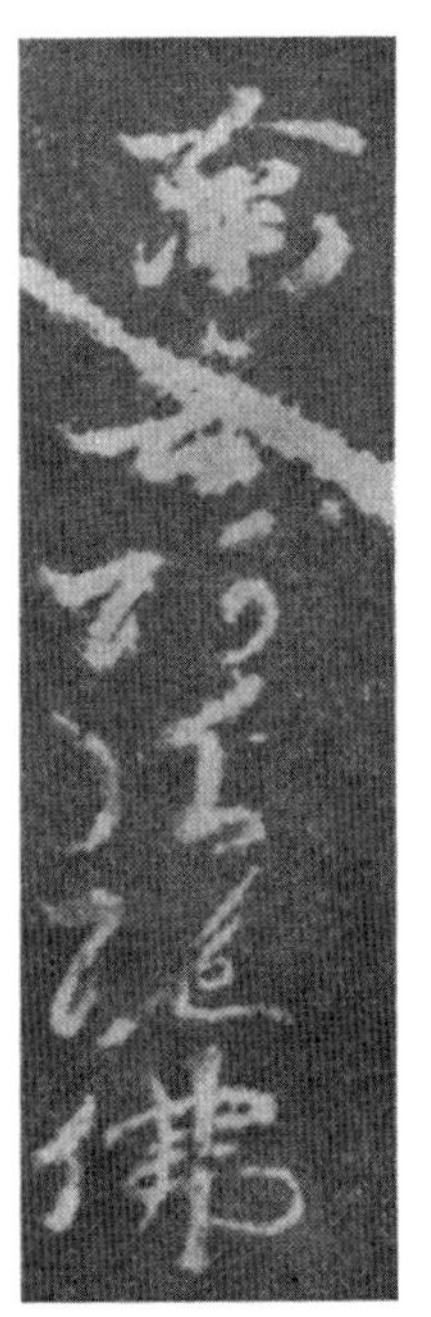
熊野万歳峯にある伝一遍筆の名号石

剛童子是也」（原漢文）とあることから、四天王寺に詣でたのち熊野に参籠し、万歳峯に名号塔を建てたのではないかとみている（「熊野万歳峯の宗祖名号塔について」『時衆あゆみ』）。『聖絵』は忠実に一遍の遊行回国したコースをたどり記しているとはいえ、これがすべてではあるまい。大略の遊行経路であって、他に寄り道し結縁したであろうことは十分考えられるので、再度熊野に詣でたことがあったかもしれない。

金井清光氏は『奉納縁起記』に記されているそれぞれは「事実を記したものと考えられ、しかも和歌山県東牟婁郡熊野の西岸志古部落から西へ五キロの山道を登った峠の万歳峯には、一遍自筆と見なしたくなる、素朴で力強い書体の名号を刻んだ碑の破片があり、その書体を模した高さ一メートル半ほどの石碑が現に立っている」（「一遍の生涯と宗教」『時衆研究』三八）として、一遍の参詣を肯定し、名号石をも真筆と認めている。もし、一遍が再度参詣したとすれば弘安十年初春のころであったろう。しかし、ここで名号塔を建てたとき「親しく名号を書」き、文字を彫ったとは考えられない。『奉納縁起記』は真教が書いたものとされているが、後世真教に名をかりて作成された可能性もある。

時宗伝承の名号の二類型

時宗で用いられ、時衆によって書かれている名号を見ると、真書体と草書体とがある。日蓮の書いた七字名号のひげ題名は今日に至るまで、法流をうけつぐ人たちによって用いられている。こうした傾向は日蓮ばかりでなく、時衆でも見られた傾向であった。真書体を代表するものは、遊行上人が賦算している名号札であり、当麻無量光寺で用いられているものも真書体であって、両名号札は類似している。清浄光寺にある延文元年（一三五六）七月五日在銘の梵鐘は遊行八代渡船の代に鋳造されたものであるが、ここに記されている名号は真書体である。同寺の境内から出土した同年十二月三日没した経阿弥陀仏の供養塔（板碑）にしても、応永二十五年（一四一八）十月六日造立した敵味方供養塔にしても真書体

念仏札
（名号札）

になっている。すなわち、初期清浄光寺で用いられた名号は、伝統的に真書体であったらしい（服部清道「時宗名号の原初書体」『横浜商大論集』十四の二）。ところが小山道場常光寺（栃木県）、片山道場法台寺（埼玉県）などのように、真教有縁の地にのこされている名号は草書体であり、名号の筆法は、「南」の字を例にとれば、先ず「幸」を書き、その後「い」を書くなど、中央から書くのを例としている。このように考えてみると、真書体は一遍、草書体は真教によって創始されたと見てよいであろう。こうした基準をもってすると、熊野万歳峯にある名号は草書体であるから、一遍智真のものではあるまい。

一遍上人の画像

ちなみに、ここで一遍上人の画像についていうと、上人像には大別して二種類ある。㈠一遍を左寄りに、向って右方を向き、念珠をもち合掌し、称名念仏するすがたで描かれているものと、㈡図面右よりに左方を向き腰をかがめ合掌する両手に念仏札をはさみ、何か称えているように、やや口をあいている像で、相貌は前者は『聖絵』、後者は『絵詞伝』に描かれているものと似ており、後者の画像には、多く草書体の名号が書き添えられている。神奈川県立博物館に所蔵されている像（紙本着色、縦六二・四チセン、横三一・二チセン）は後者にぞくしているが名号はなく、代って一遍の詠歌が書かれているが、やや前歯の

一遍上人像（藤沢市清浄光寺蔵）

反ったところは、よく一遍の特徴をあらわしている。尾道常称寺本『一遍上人絵伝』によると、一遍像を歳末別時念仏のとき、部屋の四方に掛け並べることがおこなわれていたらしい。

第六　遊行回国

――ふるさとをさして――

一　印南野から書写山へ

土御門内府との問答歌

播磨国の尼崎を遊行していたとき、土御門内府から送られた「ながき夜のねぶりもすでにさめぬなり　六字のみ名の今の一声」の和歌に接した一遍は、「ながき夜も夢もあとなしむつの字の　なのるばかりぞ今の一声」と返歌した。『聖絵』（巻九）には「土御門内府、于時大納言」と記している。この人は弘安九年正二位大納言となり、正応元年（一二八八）内大臣となった源通親の曾孫通基のことらしい。

播磨国印南野の教信寺に参詣

その後、播磨国印南野（いなみの）の教信寺（兵庫県加古川市野口町）に参ったようであるが、その年を『聖絵』には「同九年にいなみのの教信寺に参給」（巻九）として弘安九年のこととしているが、弘安九年の歳末の別時は四天王寺で修し、「天王寺をたちてはりまのかたへ」

遊行したといえば、播磨国に入ったのは、早くても弘安十年であったはずであるから、九年は十年の誤りであろう。教信寺では「本願上人（教信）の練行の古跡なつかしく思」い、古跡を追慕しながら、通りすぎようとしたら、教信から引きとめられたといって、急に一晩ここに泊ることになった。

加古の教信

教信は、初め興福寺に入って出家した学僧であったが、立身出世をのみ願う僧たちのうずまく教団に見きりをつけ、諸国を行脚したのち、承和三年（八三六）の秋、播磨国賀古駅の北辺に草庵を結び、村人にやとわれて田畑を耕したり、雇夫となったりして生計をたてながら、日夜念仏をたやすことがなかった。賀古は山陽道の駅家として早くから開けた聚落であったから、それだけに文化的な雰囲気もあったであろうが、教信は文化にも学問にも目もくれず、草庵をきずいても本尊を安置することはなかった。ただ草庵の西壁に窓をあけ、思いを西方によせて念仏をしていたので、世人は阿弥陀丸と呼んでいた。貞観八年（八六六）八月十五日、八十六歳で没したときには、室内に不思議な薫香がただよい随喜の涙をながしたという。永観は「一心に阿弥陀仏を称うれば、広大なる善根の故に、必ず往生を得る」と説き、往生を得た人として教信を挙げ、「在家の沙弥と雖も、無言の上人に非ず、是れ弥陀の名号、不思議なるに依ってなり、誰か何ぞ励まざらんや」(『往生拾因』)と述べて、その行動を高く評価している。

加古の教信を敬慕

一遍は臨終を前にして明石の浦に上陸するまでは「いなみ野の辺にて臨終」(『聖絵』巻十二)を迎えようとしていたほど、市井に住み、僧でもなければ俗でもない生活をしながら、庶民のふところにとびこんで念仏を勧めた教信を敬慕していた。教信のあとをおい、言語禁断の苦行をなげうち、庶民を相手に念仏を勧めた人に勝尾の勝如もいた(『日本往生極楽記』)。空也にしても、教信・勝如にしても、学問よりも念仏をという布教活動の面からすれば、一遍と同じ系譜上につらなる人たちであった。

書写山に登り、円教寺に参詣

次いで一遍は書写山に登った。書写山は西の比叡山ともいわれ、里に近い山としては峻険で、山上には円教寺という寺があり、『聖絵』によれば、山下の楼門から、懸崖(けがい)につくられた本堂まで、石段の上を覆うようにして長い登廊がつづいている。本尊は性空が安鎮に依頼して、桜の生木で刻んでもらったという如意輪観音、そのため本尊のまつられている堂は如意輪堂と呼ばれているが、堂は弘安五年七間四面に改められて供養がおこなわれた。一遍が参詣した五年前のことである。この寺は、一遍にとって「諸国遊行の思いで、たゞ当山巡礼にあり」（『聖絵』巻九）というほど思い出深いところであった。

性空

性空は「書写のひじり」（『後拾遺和歌集』）、「はりまのひじり」（『和泉式部集』巻一）といわれた、ひたすら沙弥としての生活をつづけ、『法華経』の読誦を旨としていた聖であったから、持経者・念仏者の相違はあっても、その行動には一遍と相似たものがあった。性空は延喜十年（九一〇）橘善根の子として生まれ、承平七年（九三七）父の没後二十八歳のとき母と日向国に下向し、天慶八年（九四五）出家して霧島山に登り、その後筑前国の背振山で修行したのち、康保三年（九六六）九州を出て書写山に入り円教寺を開創、寛弘四年（一〇〇七）三月九十八歳で没した僧である。空也は延喜三年（九〇三）に生まれ、天暦二年（九四八）比叡山で出家しているので、二人は同時代の人であり、ともに天台宗の僧であったが、二人のあいだに交渉のあった記録はない。

書写山の本尊を拝む

書写山に登った一遍は渇仰のあまり本尊の如意輪観音を拝みたいと願ったが、承安四年（一一七四）に後白河法皇が行幸して七日間参籠したとき、本尊と香水の巌崛を拝したのを唯一の例外として、「尊貴高徳」の人はもちろんのこと常住している僧をのぞき、誰一人として許していないといってことわった。そこで一遍は「書写は即ち是れ解脱の山、八葉妙法心蓮の故に、性空は即ち是れ涅槃の聖、六字宝号無生の故に」（原漢文）、書写山は一切の迷いをはなれた山である。何故ならば蓮華の形をした法華経の聖地だからだ。性空上人は悟りを得られた聖である。それは六字の名号は生死の迷いをはなれているからだという四句の偈に添えて、「かきうつすやまはたかねの空にきえて　ふでもをよばぬ月ぞすみける」、絵に描いたように美しい書写山は、高くそびえて大空にきえ、その空には絵にも描けないような美しい仏の心のような春の月が澄んでいる、という意味の和歌を詠んで祈請したところ、「この聖の事は他に異なり、所望黙止しがたし」と特に許され、紙燭をともして一人で内陣に入り「本尊等を拝したてまつり、落涙」したので、人びとはおくゆかしく思ったという。ここで、一夜行法したが、この日春の雪が降ったというから参籠したのは、三月の下旬のころであったろうか。

称讃浄土経を書写山に納経

命終を前にして、八月十日当麻寺の僧からもらい、「かたぐ重物なりとて秘蔵してもち」歩いていた（『聖絵』巻八）『称讃浄土経』をはじめ「もち給へる経少々」を書写山の寺僧で、一遍のもとに来ていた僧に渡した。この経が書写山に納入されていたとすれば、明治三十一年宝蔵は火災で焼失してしまったであろうが、現在藤沢の清浄光寺には奈良時代後期に書写されたと見られ、中将姫書写と箱書されている『称讃浄土仏摂受経』が伝承されている。

松原八幡宮で別願和讃を執筆

二　別願和讃

書写山を出たのち、播磨国を巡礼し、石清水八幡宮領の松原荘にあった松原八幡宮（姫路市白浜町字松原社）に詣でて『別願和讃（べつがんわさん）』をつくり、時衆にあたえた。「別願」とは、すべての仏に共通した、こうしたいという願い「総願」に対し、弥陀とか薬師といった、それぞれの仏に特有の誓いで、阿弥陀仏の場合は四十八願を指している。和讃とは和文で表現した仏をたたえる詠歌のことで、一遍は三段に分け、先ずはじめに、

身を観ずれば水の泡　消えぬるいのちは人ぞなき
いのちを思へば月のかげ　出でいる息にぞとゞまらぬ
人天善処のかたちは　おしめどもみなとゞまらず
地獄鬼畜の苦しみは　いとへども又うけやすし
眼のまへのかたちは　盲ひて見ゆる色もなし

耳のほとりの言の葉は　耳しひて聞く声ぞなき
香をかぎ味(あじわい)なむる事　たゞしばらくの程ぞかし
息のあやつりたえぬれば　この身にのこる功能なし
過去遠々の昔より　今日今時に至るまで
思と思ふ事はみな　かなはねばこそかなしけれ

と、人のいのちは水に泡をたてても、すぐ消えてしまうように、いつまでも生きながらえている人はいない。遠く過ぎ去った昔から、今日のただ今に至るまで、こうありたいと願うことが、思いどおりにならないのは人の世の常であり、人間の真のすがたである。それはこの世の約束事であって、どうなるものでもないことを説き明かし、次いでこの世で無常と苦悩からのがれる道は、仏の教えしかないと、説いている。

聖道浄土の法門を　さとりとさとる人はみな
生死の妄念尽ずして　輪廻の業とぞなりにける
善悪の不二の道理には　そむきはてたる心にて
邪正一如とおもひなす　冥の知見ぞはづかしき

煩悩すなはち菩提とぞ　いひて罪をばつくれども
生死すなはち涅槃とは　きけどもいのちをおしむかな
自性清浄法身は　如々常住の仏なり
迷ひも悟りもなきゆへに　知(しる)もしらぬも益ぞなき
万行円備の報身は　理智冥合の仏なり
境智ふたつもなきゆへに　心念口称に益ぞなき
断悪修善の応身は　随縁治病の仏なり
十悪五逆のつみ人に　無縁出離の益ぞなき

仏教には修行をつみ悟りを得て仏となる聖道門の教えと、仏の教えを信じて修行し浄土に往生することを目的とする浄土門とがあるが、聖道門による場合は生死の妄念を断ちきり、善悪不二・邪正一如・煩悩すなわち菩提、生死すなわち涅槃といった教えをふまえた上でなければ仏にはなれない。また、仏には「如々常住の仏」である自性清浄の法身、「理智冥合の仏」である万行円備の報身、「随縁治病の仏」である断悪修善の応身の三身があるが、こうした仏は凡夫が仏になることを前提に考えると、修業したところで、凡夫は何をも得ることはできない。いわば無縁であり、益なき衆生であって、仏になることはできないと、述べている。聖道門の教えは理想であり、高遠であって、高嶺の花にしかすぎないのである。では凡夫の解脱する道はないものだろうか。それに答えたのが、後段であって、そこには弥陀の救済が説かれている。

名号酬因の報身は　凡夫出離の仏なり
十方衆生の願なれば　ひとりももるるとがぞなき
別願超世の名号は　他力不思議の力にて
口にまかせて唱れば　声に生死の罪きえぬ
はじめの一念よりほかに　最後の十念なけれども
思(おもい)をかさねて始とし　思のつくるををはりとす
思つきなむそののちに　始をはりはなけれども
仏も衆生もひとつにて　南無阿弥陀仏とぞ申べき
はやく万事をなげすてゝ　一心に弥陀をたのみつゝ
南無阿弥陀仏といきたゆる　これぞ思のかぎりなる

此の時極楽世界より　弥陀・観音・大勢至
無数恒沙の大聖衆　行者の前に顕現し
一時に御手をさづけつゝ　来迎引接たれ給ふ

凡夫が穢土を出離することのできるのは、名号酬因の報身である弥陀のみであり、弥陀の四十八願は十方の衆生を救おうとする目的をもって立てた願であるから「口にまかせて」名号を称えれば、その声のなかに生死の迷いの罪は消え失せ、一人として漏らすことなく浄土に往生できる。最初称えた一念の念仏のほかに、最後の十念はあり得ないように、一念一念をかさねていって、称えつきたときを終りとするのだ。称えつくして名号と一体となったからには、始めもなければ終りもないのだから、仏も衆生もひとつになって、南無阿弥陀仏と申さなければならない。そうした状態になったからには、速かに万事をなげすて、心を一つにして弥陀をたのみ、南無阿弥陀仏と称えて息をたえること、命終をむかえることが、凡夫にとって最高の願いであり、命終にあたっては、弥陀・観音・大勢至をはじめ無数の大聖衆が極楽世界から行者の前にやって来て、来迎引接して下さる、と説いている。

ここに述べられている内容そのものは、一遍が歩んできた道を自分なりに回想し、和讃というかたちにあらわしたものであろう。多屋頼俊氏は『別願和讃』について、「一遍上人が自ら信じ、人にも教えられた教義の全体系」を述べたものであり、「用語が平明であり、切実であり、表現が力強い」、源信の和讃にくらべても遜色のないすぐれた和讃であるといっている（『和讃史概説』）。

三　備中から安芸へ

備中国で花のもとの教願に会う

備中国では、軽部宿（岡山県都窪郡清音村）で「花のもとの教願」に出会った。「花のもと」とは連歌の宗匠の称号で、一時代一人にかぎって朝廷から許された連歌師の頭領となった人だというから、教願も有力者の一人であったろう。教願は四十八日間をかぎっての約束で、一遍に随行することになった。日満ちて迎えの人が来たが、教願は時たまたま病中にあったので、迎えの人をかえし、自らは臨終の覚悟を決めていた。ところが臨終を前にして、未だ十分に悟りきれていないことが気になった。どうすれば往生できるかを教えてほしいと、教願は「とにかくに迷う心のしるべせよ　いかにとなへて捨てぬ誓ひぞ」と歌に托して一遍に問うた。一遍もまた「とにかくに迷ふ心のしるべには　なも阿弥陀仏と申すばかりぞ」と詠み、ただただ念仏せよと教えている。教えにまかせて念仏した結果、「臨終正念にて往生をとげ」たという（『聖絵』巻十）。こうした疑問は、教願ばかりではなしに誰でもがもった危惧であった。一遍に接した人たちは、一遍に聞けば生き方、死に方のすべてにわたって何事でも教示してくれた。ここに宗祖といわれる僧の出た鎌倉時代と平安時代の違いがあった。平安時代の人たちは生きざま、死にざまの理想像を『往生伝』を媒介として知ったが、鎌倉時代の人たちは宗祖の口から直接いかに生きるべきか、死ぬべきかの理想を伝記ではなしに、論理というかたちで耳にすることができた。平安時代には『日本往生極楽記』をはじめ六種の『往生伝』がつくられたが、鎌倉時代に『往生伝』がないのは、こうしたところに原因している。

「当信用十二道具心」を執筆

弘安十年三月一日、一遍は時衆に所持することを許した十二道具について「しりて信ずるともがらもあり、しらで謗するたぐひもあり、信謗ともに益をうるは大乗の深意」であるということで、十二道具にはどのような意味があるか、その位置づけをした「当（まさ）に信じて十二道具を用うべきの心」という持文を書いた（『聖絵』巻十）。「此行儀は徒衆ひ

遊行中の一遍（『聖絵』）

きぐし給へる始よりさだめられ」たものだといっているから、十二道具は時衆をつれて遊行するようになったころ考えだされたものであろう。

十二の道具は「十二光の箱」に納め、必要に応じて用いたものらしい。持文には次のように書かれていた。

南無阿弥陀仏一遍弟子当信用十二道具心

一、引入

南無阿弥陀仏、信無量生命名号法器心、是則無量光仏徳也

一、箸筒

南無阿弥陀仏、信無辺功徳入衆生心心、是則無辺光仏徳也

一、阿弥衣

南無阿弥陀仏、信善悪同摂弥陀本願心、是則無碍光仏徳也

一、袈裟

南無阿弥陀仏、信除苦悩法無辺名号心、是則無対光仏徳也

一、帷

南無阿弥陀仏、信火変成風化仏来現心、是則炎王光仏徳也

一、手巾

南無阿弥陀仏、信一念弥陀即滅多罪心、是則清浄光仏徳也

一、帯

南無阿弥陀仏、信恵光囲繞照行者身心、是即歓喜光仏徳也

一、紙衣

南無阿弥陀仏、信行住坐臥念々臨終心、是則智恵光仏徳也

一、念珠

南無阿弥陀仏、信畢命為期念々称名心、是則不断光仏徳也

一、衣

南無阿弥陀仏、信（是人々中芬陀利華）心、是則難思光仏徳也

一、足駄

南無阿弥陀仏、信（最下凡夫乗最上願）心、是則無称光仏徳也

一、頭巾

南無阿弥陀仏、信（諸仏密意諸教最頂）心、是即超日月光仏徳也

本願名号中他力不思議　有衆生信徳凡夫難思量　衆生信心上仰唱弥陀名　顕十二光徳蒙十二光益

南無阿弥陀仏一切衆生往生極楽

弘安十年三月一日　　　　　　　　　　一遍

この意味するところは、㈠引入（椀鉢）は無量の飯粒を入れる容器であり、生命を無量ならしめるもとになるものであるから無量光仏、㈡箸は食べものを口にはこぶこと無辺であるから無辺光仏、㈢阿弥衣は衣服の上に着用する麻布であるが、阿弥は網に通じ、網はどのような魚や貝であっても選ぶことなく受け入れるように、阿弥陀仏は善人悪人を問わず、すべての衆生を分けへだてすることなく救う仏であるから無碍（むげ）光仏、㈣袈裟

は苦悩を除き敵対する者がないという功徳をもっているので無対光仏、㈤帷(かたびら)は暑さをやわらげ、涼しさを招く衣服であるが、このように阿弥陀仏の光焰も自在に火を変じて風をもおこすことができるので炎王光仏、㈥手巾はさまざまの汚れをぬぐう布であるように、阿弥陀仏は衆生の心の垢をはらってくれるので清浄光仏、㈦帯は腰にまきつけ身体をおちつけるように、弥陀の慈悲の光明は衆生のまわりをとりまき、その身を照すので歓喜光仏、㈧紙衣は起居動作のときに破れることがあるように、弥陀の光明は衆生の無智の闇を破り、一瞬一瞬を臨終往生の思いに住し、その結果信心の智恵が生まれるので智恵光仏、㈨念珠は命終のときまで不断に相続し数とりをするので不断光仏、㈩衣を着けた人は人の中の人、人中の白蓮華のように清らかな人であり、思議することのない大威徳をそなえているので難思光仏、㈪足駄は足にはくもの、足駄のように最下の凡夫ですら、弥陀の本願によって往生する、弥陀は念仏する者はならぶことなきものと讃めたたえるので無称光仏、㈫頭巾は頭にかぶるもの、念仏の教えは頭巾のように最高の法門であり、弥陀の徳は日月の光にも超えた偉大な教えであるから超日月光仏、というように、十二道具を阿弥陀仏の別名である十二光仏にそれぞれあてはめて、宗教的意義を

備後国吉備津神社に参詣

安芸国厳島神社に参詣

明かしている。

備後国では一宮の吉備津神社（広島県芦品郡新市町宮内）に詣でたが、このとき「聖人供養のため」といって秦皇破陣楽（はじんらく）という舞をまった。秦皇破陣楽は、皇帝（おうたい）破陣楽・散手破陣楽・陪臚（ばいろ）破陣楽とともに四破陣楽の一つで、唐の太宗がまだ秦王であったころ、劉武周を破った戦勝記念につくった舞楽であり、「つねさまにまはざる曲」であったが、「聖人の作なれば、そのゆへ」に舞ったという（『聖絵』巻十）。当時、聖人すなわち一遍が曲にあわせて、詞書を作ったという伝承でもあったのであろうか。五来重氏は、踊念仏の源流と見られている融通念仏は、元来芸能的な念仏であるから、その根底に舞楽があった。一遍は舞楽にも通じていたので、めったに演じたことのなかった曲目を奏したのではないか、といっている（「一遍上人と融通念仏」『大谷学報』四一の二）。吉備津神社は備前・備中・備後三国にもあって、吉備地方を開拓した祖神（おやかみ）大吉備津命をまつっている。

その年の秋には安芸国の一宮厳島神社（広島県宮島町）に詣でた。厳島に参詣したのは、「一度参詣すれば、後生ぼだいのたのみあり、一切衆生の所望を悉くかなふべし」（長門本平家物語）といった庶民崇敬の神社であり、また「法性無漏の大海に、随縁真如の風をしのぎて、住ひ初め給ひける御志も頼(たのも)しく、本地阿弥陀如来と申せば、光明遍照十方世界念仏衆生摂取不捨、もらさず導き給へと思ふにも、濁りなき心の中なれば、如何にと、我ながらもとかしくぞ覚ゆる」(『とはずかたり』)というように本地は阿弥陀仏であるといった信仰があったからであろう。ここでも、神社では「臨時の祭をおこなひて、妓女の舞を奏し」(『聖絵』巻十)、一遍に見せている。『聖絵』によれば朱漆の大鳥居は海中に、岸辺には切妻造の本殿が建っている。本殿の前には入母屋造の拝殿が、その前方に屋根のない舞台があり、舞台では、「色々の小袖に、白き湯巻」をつけた四人の妓女が、袖をひるがえして舞

厳島神社で舞楽を見ている一遍(『聖絵』)

い、一遍は拝殿の前面中央に坐り、拝殿の舞台を通して反対側の中門の左右につづく廻廊では神官をはじめ、大ぜいの男女の僧俗が、同じ舞楽を見ている。

四　伊予から淡路へ

故郷に帰り伊予国内の諸寺をめぐる

正応元年（一二八八）伊予国に渡り、菅生の岩屋を巡礼したのち、「昔、当国刺史頼義朝臣、天下泰平衆生利益のためにとて、国中に七ケ寺をたて」たなかの一つであった繁多寺（松山市畑寺）に参籠し、父如仏がかつて「西山上人・華台上人の座下にして訓点のあたりうけ」読誦に用いた、今まで父から相伝して肌身はなさず大切に秘蔵してきた浄土三部経（無量寿経・観無量寿経・阿弥陀経）の表紙に名号を書き、「末代利益のためにとて施入」した。この寺には三ヵ月ものあいだ参籠し、しかも如仏にゆかりのある経典を納めているところをみれば、如仏にとって有縁の寺だったのであろう。ことによれば、如仏は繁多寺で得度し出家したのかもしれない。

伊予国大山祇神社に参詣

その後大三島に渡り、十二月十六日に三島大明神（伊予国一宮大山祇神社）に参詣した。この神社と河野家との関係について『聖絵』は、「聖の曩祖越智益躬は当社の氏人なり、幼稚の年より衰老の日にいたるまで、朝廷につかえては三略の武勇を事とし、私門にかへりては九品の浄業をつとめとす、鬢髪をそらざれども法名をつき十戒をうけき、つゐに臨終正念にして往生をとげ、音楽そらにきこえて尊卑にはにあつまる、かるがゆへに名を往生伝にあらはし、誉を子孫の家にをよぼす。又祖父通信は神の精気をうけて、しかもその氏人となれり、参社のたびにはまのあたり神体を拝し、戦場のあひだにはかねて雌雄をしめし給き。これによりて聖遁世修行のみちにいで給へり」（巻十）と記している。こうした因縁があったから、伊豆国を遊行していたとき、三島神社だと聞いて参詣したのであり、河野氏の氏神として一遍も聖戒も崇敬していた。

翌二年正月二十四日、供僧の長観は「古は書写の上人、この処にまうでゝ説戒ありしによりて、鹿の贄をとゞめおはりぬ、いま一遍上人参詣して桜会の日大行道にたち大念仏を申。この所にして衆生を済度せしめむとするなり。これに値遇合力せざらん輩は後悔あるべし」という夢告を、束帯の姿で「御宝殿の正面の広縁に西むき」に立っていた大明神と思われる人から受けたが、二十七日にも同じような夢を地頭代の平忠康が見た（『聖絵』巻十）。桜会は観桜の宴を開いた法会で、大三島では毎年二月九日、「桜会の神事」

としておこなわれていた。

大三島と別宮周辺を修行

このころ一遍がどこにいたかについて『聖絵』は大三島にいたとしているが、『絵詞伝』には「正応元年十二月十六日予州三島社に参詣あり、当社は文武天皇御宇大宝年中に跡を垂れ給ふ。自爾以来(それより)五百余廻の鳳暦をかさねて、八十余代の龍図をまぼりましま す。彼の社壇に三ケ日の間念仏法楽して別宮へうつり給」(巻四)と記している。これによれば、一遍が大三島にいたのは三日間だけで、その後別宮にいたというのである。別宮(今治市別宮町大山祇神社)は和銅五年(七一二)大領越智王澄が大山祇神社の地御前として勧請した神社で、今治(いまばり)にあった。『聖絵』に別宮にいたことを記していないのは、聖戒が随従していなかったからであろう。それにひきかえ、真教はこのころ一遍に随従していたから、「彼社壇に三ケ日の間、念仏法楽して別宮へうつり給けるに、海中にて俄(にわかに)空かきくもり雨頻にふりければ聖これ直也事(ただごと)にあらず、明神則(すなわち)なごりの袖をしぼれとおぼしめすにこそとて、わざとぬれ給けれ」「同二月中旬に廿余艘の舟をとゝのへて今針といふ津にこぎむかへり、それより舟にのりて詣給にけり」(『絵詞伝』巻四)というように当時のようすを詳しく知っていたのであろう。

大三島から別宮のあった今治へ渡ろうとしたとき、俄かに空がかき曇り、雨がしきりに降ってきた。一遍は、これはただ事ではない、三島明神がなごりの袖をしぼれ、というのであろうといって、わざと濡れていると、他の者たちもずぶ漏れになって舟をこいでいく。そのとき海鹿（いるか）の大群が「浪をたてゝ、船の舳艫にはねをど」っていたが、半時ばかりたつと、どこへともなく去っていったという。これについて『絵詞伝』の著者は「別宮の社壇にして、恒例七日の別時ありけるに、三嶋大明神影向しましくて、念仏結縁のために来れるなり」（巻四）と、奇瑞は三島大明神が姿を海鹿にかえ、念仏結縁のためやって来たのであろう、と言っている。

大山祇神社で仏経供養を修す

別宮にいた一遍は、その後二月五日迎えの船に乗り、翌六日大三島に参詣し、九日桜会の神事に出会った。永観二年（九八四）比叡山の湛延と性空がつれだって参詣したが、このとき七日間にわたり神に対して法を説き戒を授けた。時に御宝殿は震動し「不殺」という声がしたという。これは説戒にあたり「汝、不殺生戒を持つや、否や」と言ったのに対し「よく持（たも）つ」「殺さず」と答えたというのであろう。こうして、殺生を禁じたことによって生贄をとどめさせたという故事にならい、一遍の一行も大行道をしたが、これが恒例となり、「贄を留給て、仏経供養を行」うようになったという。

『聖絵』によれば、当時の大山祇神社は海浜につづく鳥居をくぐると馬場が長くつづき、馬場の南側に廐、北側に塔があり、正面突きあたりに楼門、楼門をくぐると石の舞台、その奥に切妻造の拝殿、その背後に入母屋造の本殿があった。

讃岐国の諸寺を詣でたのち、阿波国に入る

その後、讃岐国に入り、弘法大師のゆかりの地であった善通寺（香川県善通寺市善通寺町）、曼陀羅寺（同市吉原町）を巡礼したのち阿波国におもむき、五月二十二日には賀茂（徳島県三好郡三加茂町加茂）で南仏房を失った（『時衆過去帳』）。六月一日「大鳥の里河辺といふところ」に来たとき、一遍は「心神例に違し、寝食つねなら」ざる状態になった。河辺は徳島県麻植郡鴨島町敷地河辺と推定されているので、賀茂から河辺までは、およそ三十五キロ、ここを十日かかって遊行している。一日の行程わずかに四キロ。病悩も次第におもくなっていったようである。阿波に移った一遍は「機縁すでにうすくなり、人教誡をもひゐず」、教誡を守らない人がいる、とこぼしている。

淡路国を遊行

七月淡路島の福良（兵庫県三原郡南淡町福良）に渡った。一行は二十三人、『聖絵』（巻十一）によれば三艘の舟に分乗している。このとき一遍は二首の和歌をのこした。

きえやすきいのちはみずのあはぢしま　山のはながら月ぞさびしき

あるじなきみだのみなにぞむまれける　となへすてたるあとの一声

福良から北にすすんで、二宮（兵庫県三原郡三原町掃守）、今の大和(やまと)大国魂(おおくにたま)神社に詣でた。この神社について『聖絵』には「当国に二宮とて、往古の神明まします。霊威あらたにて賞罰はなはだし。本は西むきにおはしましけるが、海上にすぐる船人等をろかにして、礼なければたゝりをなし給によりて、南むきになしたてまつれりけり。縁起つたはらざれば垂跡のおこりたしかならず。本地を春のあらしにたづぬれば、松柏蕭滌としてものいはず。和光を秋の月にとぶらへば雲雨眇茫(びょうぼう)としてさだめがたし。祝部わづかにつたへて、伊弉冊尊(いざなみのみこと)にておはしますとぞ申ける」（巻十一）と記している。入母屋造の本殿の前庭には板葺の堀立柱の踊り屋がある。東方の山ぎわに基壇だけのこっているのは本殿の旧地であろう。

一遍は、ここを訪れたとき、社の正面に「名にかなふこゝろは西にうつせみの　もぬけはてたる声ぞすゞしき」と書いて札を打ちつけておいたが、その札が円伊をともない聖戒が訪れたとき、まだ残っていたという。

志筑天神で名号を書いている一遍
(『聖絵』)

二宮をあとにした一遍は、西海岸に道をとり志筑(しづき)の北野天神(兵庫県津名郡津名町志筑)に詣でた。ここに詣でたのは「天神は西土補助の薩埵として、蓮台を迎接の砌にかたぶけ、東域垂権の明神として華夷を安寧の世にまぼり給、現当の利益ならびなければ、尊卑の帰依たゆる事なし」(『聖絵』巻十一)、天神は弥陀の脇侍である観音の垂跡であるとともに、尊卑の崇敬をうけていた神であった。初め境内に立ち入ることさえこばんでいたのに、「よにいづることもまれなる月影に　かゝりやすらむみねのうきぐも」の歌が社壇にあらわれたことによって入ることが許されたという。ここでいう月は一遍を指している。この歌には、めったに世にあらわれない宗教家一遍上人がお参りになったのですよ、拒否してはいけない、という意味をもっていた。

淡路国での遊行について、「此国はさかひせばくして、往反の輩もいくばくならず、結縁のものもなをすくなし」(『聖絵』巻十一)、国の領域はせまくて、往来する人も少ない。したがって結縁する人も、ごく僅かしかいない、ということで見切りをつけ、七月十八日明石の浦に渡った。大三島のあたりには三ヵ月ものあいだ、じっくりと腰をおちつけながら勧化していたのにくらべれば、七月以降の行動はテンポが早く、淡路国には半月ほどしかいなかった。

五　入　滅

兵庫の観音堂に入る

淡路から明石(あかし)に渡った一遍は「いなみ野の辺(あたり)」、すなわち一遍の敬慕していた教信の眠っているところで臨終したいと考えていたが、「兵庫の島」から迎えの船が来たので、衆生を勧化するならば、どこであっても同じことだといって、迎えられるがままに、兵庫の観音堂に入った。『聖絵』を見ると、観音堂は正面が九間ほどの入母屋造りの堂で、檜皮葺。近くには大輪田の泊(とまり)という港があったためであろうか。参詣者も多く、境内には踊り屋が設けられていた(巻十一)。

一遍、時衆を前にして遺誡を説く

一遍は衰弱の身であったが、八月に入っても法談をつづけていた。二日には、南向きの縁側で、縄床に坐り、因幡の蓮智上人や兵庫光明福寺の方丈をはじめ、多くの道俗を前にして法門を説いたが、このとき聖戒は教えのおもむきを筆にとり、清書し、一遍の目の前で読んだ上で、十二光箱におさめた。教えのおもむきを書いたのが遺誡(ゆいかい)で、遺誡には次のように書かれていた。

五蘊の中に衆生をやまする病なし、四大の中に衆生をなやます煩悩なし、但本性の一念にそむきて五欲を家とし、三毒を食として、三悪道の苦患をうくること、自業自得果の道理なり、しかあればみづから一念発心せずよりほかには、三世諸仏の慈悲も済(すくう)ことあたはざるものなり（『聖絵』巻十一）

十日の朝は「もち給へる経少々書写山の寺僧」に渡したあとは、所持していた書籍のすべては手づから焼いてしまった。「伝法に人なくして、師とともに滅」するかと思うと、まことに悲しくなるといった人をしりえに、「一代聖教みなつきて、南無阿弥陀仏になりはてぬ」と述懐している。教団の相続など、まったく考えていなかった一遍のすがたを、ここにかいま見ることができる。

十二日から十五日までは「番にむすびて」「面々各々に随逐給仕」した。番帳にのっとって順番で、一遍のもとに伺候したのであろう。このとき一遍は「こゝろざしのゆくところなれば、みなちかづきぬ。結縁は在家の人こそ大切なれば、今日より要にしたがひて近習すべし、看病のために相阿弥陀仏・弥阿弥陀仏・一阿弥陀仏ちかくあるべし、又一遍と聖戒とが中に人居へだつる事なかれ」といっている。一遍と聖戒のなかに入ってはいけないといっているところをみれば、よほど近い、親しい関係にあったのであろう。兄弟でありながら、常に一緒に暮すことのなかった二人の親愛の情を、命終にのぞんでともにいたいとする人間味を深くあじわうことのできる思いがする。

命終を悲しんでいる人たち(『聖絵』)

平素は三日に一度水垢離していたのを、二十日からは三日つづけて水浴した。二十一日には日中勤行につづいて「庭のをどり念仏」をしたいと時衆がいったとき、一遍は「さらばよくをどらせよ」と心ゆくまで踊念仏させたのち、衣服をととのえ、「去年西宮に御参詣の時より、知識とたのみまいらせて候が、御臨終のよしうけ給候て、をがみたてまつり、十念うけまいらせむと存候て、神明の祭礼最後の御供と存じて候つるが、わざと御行よりさきにまいりて候」(『聖絵』巻十二)と述べ、結縁にやって来た西宮(兵庫県西宮市社家町西宮神社)の神主に十念と数珠を、また「播磨の淡河殿と申す女房」に「六十万人の融通念仏」を授けたのを最後に、八月二十三日辰の始め(午前七時ごろ)「禅定にいるがごとくして」往生した。ときに五十一歳であった。

最後の結縁をして命終

淡河殿の女房は北条時俊の妻

淡河殿の女房は、「粟河といふ所の領主」の妻であった。淡河は播磨国美嚢郡淡河(神戸市北区淡河町)にあたり、地域的にいえば、加古川の支流淡河川の上流に位置している。この地を所領としていた領主について、湯山学氏は北条氏の一族に淡河右京亮の名が見えることから「北条氏の一族で淡河を称した一族」であろうと推定したが(「他阿上人法語に見える武士」『時衆研究』六三)、下田勉氏はその人を北条時俊にあてている(「時宗と淡河氏」『時

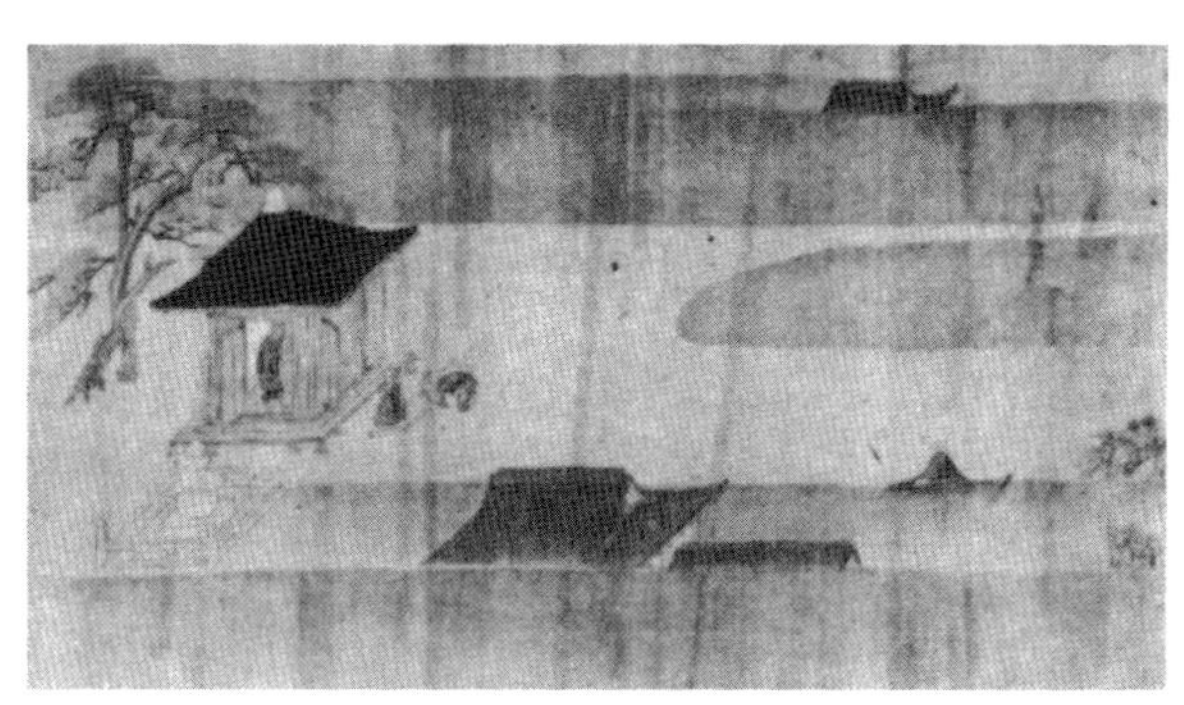

一遍の廟堂（『聖絵』）

衆研究』七五）。時俊は朝盛の子で、家系は時房――時盛――朝盛と次第し、時房の姉妹のひとりが河野通信の妻となっている。時俊は元応二年（一三二〇）六月二十一日没したが、その長子政俊が淡河荘をうけついだ。『一遍上人絵詞伝』の成立に深いかかわりをもっている宗俊も時俊の子である。

一遍の死を聞いて「時衆ならびに結縁衆の中に、まへの海に身をなぐるもの七人」いた。『時衆過去帳』の八月二十三日条に界阿弥陀仏・行阿弥陀仏・当仏房・南一房、翌二十四日の条に無阿弥陀仏と陵阿弥陀仏を挙げている。この人たちが前の海で入水往生した人であろう。『聖絵』には七人とあるが、『絵詞伝』には六人としている（巻四）。遺体は「没後の事は、我門弟におきては、葬礼の儀式をとゝのふべからず、野にすてゝけだものにほどこすべし、但、在家のもの、結縁のこゝろざしをいたさんをばいろふにおよばず」と、遺言して、葬式などしなくてもよいと言ったにもかかわらず、在地人が御孝養したいと申したことによって、観音寺(堂)の前の松のもとで荼毘に付した。一遍には「一千余人の弟葉」がいたというが、彼らは全国に散在していたのであろう。その後「在家のともがら、墓所を荘厳」したという。

『聖絵』を見ると、一間四方、宝形造りの御影堂と、石造りの玉垣でかこまれた五輪塔が荼毘した松の前に建ち、御影堂の中には等身の一遍の像が安置されている。その前に二人の僧がおり、一人は地に跪き、一人は腰をかけて合掌している。現在、神戸真光寺(神戸市兵庫区須佐野通)の本堂南方の墓碑中に、築塀でかこまれた一遍の廟所があり、その内部西寄りに、東を正面にした石壇上に、巨大な五輪塔が建っている。五輪

一遍の御影堂と墓塔

一遍の墳墓(神戸市真光寺)

は火輪と、風空輪の一部が破損しているが、前からは見えない。水輪の球形、火輪の強い軒反り、風空輪の完好な形から、鎌倉時代末期を下るものではない、立派な五輪塔であると見なされている。『聖絵』に描かれているからには、『聖絵』の成立した正安元年（一二九九）にはすでに造立されていたとみてよいであろう。なお、地輪の下に置かれている蓮弁をきざんだ反花座は江戸時代に造立されたものであるが、五輪塔は一遍の七回忌の修された嘉元三年（一三〇五）のころ建てられたものではあるまいか。

第七　一遍滅後の教団

一　時衆の行方

念仏往生を保証する札くばり(賦算)と、踊念仏を布教の手段とした一遍の足跡は、北は奥州の江刺から南は大隅国にまでおよび、休むことなく十六年のあいだ遊行の旅をつづけた。遊行をつづけた一遍には道場を建てる余裕もなかったし、建てる意志もなかった。したがって、一遍の建てた寺院は一つとして残っていない。勧化を受け、随従したいという人がいても、誰彼の区別なしに願いを聞き入れてやることはできない。遊行に行をともにした人はせいぜい二十名が限度であったようである。教えを受けたにもかかわらず、随従を許されなかった多くの人たちは、俗時衆として、その地にとどまり、一遍の再び訪れてくる日を待っていた。しかし、一遍が同じコースを通ったことはほとんどなかった。

一遍が、命終にのぞんで「我化導は一期ばかりぞ」、教えを説くのは私一代だけのことである、といっていることからすれば、一遍には新しい宗旨を開いて開祖になろうという意志はまったくなかった。一遍がもし、死後のことを考え、教団の相続を念頭においていれば、所持していた「書籍等、阿弥陀経をよみて手づから」焼くこともなかったであろうし、「かたぐ〳〵重物なりとして秘蔵して」持ち歩いていた中将姫の自筆という伝承をもっていた『称讃浄土経』を書写山の僧にあたえることもなかったであろう。一遍は急な病で世を去ったのではない。命終の近いことを知ってからのちの一遍は、病魔をおして淡路島を縦断し明石に渡り、日ごろから私淑していた沙弥教信の故地、印南野で死にたいと願っていた。ところが、兵庫から迎えの船がやって来たので、「いづくも利益のためなれば、進退縁にまかすべし」ということで、兵庫の観音堂に行き、ここで病臥の人となった。

心神の違例、寝食常と異なるのを感じたのは六月一日のことであり、死を意識しはじめたのは七月半ば、所持した書籍を焼いてしまったのは八月十日であったから、それからでも没するまではおよそ半月ばかりあった。したがって、一遍に後継者をえらぼうと

一遍没後、多くの弟子は離散

聖戒は京都仙阿は伊予真教は丹生山におもむく

する気さえあれば、いくらでもその機会はあったはずである。それにもかかわらず指名していないのは、一遍の死とともに教団は瓦解すべきものと考えていたからであろう。

一遍の没後、弟子たちは「たがひに西刹の同生をちぎりて、こゝにわかれ、かしこにわかれ」(『聖絵』巻十二)、観音堂の前の海で入水往生した人もいた。このとき、聖戒は京都におもむき(『弥阿上人行状』)、仙阿は伊予国に帰り(『条々行儀法則』)、真教は「知識にをくれ奉りぬるうへは、すみやかに念仏して臨終」すべきであるといって、丹生山に入っていった。真教が丹生山に入っていったとき行動をともにした時衆は何人かいた。一遍の臨終を耳にしたとき、「所々の長老たち出来(いできた)」(『絵詞伝』巻四)ったといえば、生前から長老を中心に別行動をとっていた時衆グループとでもいうべきものが存在していたのではあるまいか。

二 教団の再編成

丹生山の位置

「知識にをくれ奉りぬるうへは、すみやかに念仏して臨終すべし」(『絵詞伝』巻五)といって、真教らの一行が入山した丹生山は、帝釈山(たいしやくさん)・金剛童子山・稚子ヶ墓山などとともに、一群の山塊をなしている六甲山地北方の山で、南麓の山田川にそってはしる街道は、西国街道の裏街道として発達していた。丹生山には丹生明神と明要廃寺があり、旧参道を中心とする一帯には鎌倉末期から室町期にかけて造立されたと推定される石造美術品が多くのこされ（石田善人「時衆教団の成立」『史林』五一の一）、丹生神社の周辺には数多くの坊跡が谷や背につらなって存在している（下田勉「時宗と淡河氏」『時衆研究』七五）。

明要廃寺は百済国の聖明王の皇子童男が明要元年（五四〇）明石の浦に至り、はるか東北にそびえる霊峰をのぞんで、まさしく仏住の霊地であると定めて船上に上陸、丹生山にのぼり草堂を建て、年号を寺号としたのに始まると伝えており（文亀元年三月「丹生明要等勧進」）、丹生山は鉄の産地でもあった。

一行が丹生山にのぼって辿りついたところは極楽浄土寺であったが、この寺について『絵詞伝』には「かくて山をこえ谷を隔て、或所に寺あり、仏閣零落して羅苔礎を埋み、寺院破壊して荊棘（けいきょく）道を塞ぐ、此所にて暫（しばらく）念仏しけるに賤き樵夫も供養をのべ、幼き牧童の発心するもあり」「此堂を極楽浄土寺といひける所から不思議にぞ侍る」（巻五）と記しているが、下田勉氏は探査の結果を「絵詞伝にいう朽ち果てた寺は、淡河庄下村

極楽浄土寺は高泉寺の前身

（勝雄）の南の山頂にある高泉寺址のことであって、『絵詞伝』にいう字句にまったく適合する場所である。高泉寺は明治九年に廃寺になったが、以前は四ヵ院を有する古刹で、真言宗丹生山明要寺の末で境内竪七町、横三町、山号を教誉山と号し、いまも広大な寺址や坊址が広い高原に連なり、石垣、石段、本堂基壇、墓地、池水、堀切り、田畠址など残り、往時の壮観な様子が偲ばれる。眼下には淡河庄の村々が見え、西方足下には志染の村が打ち続き、はるか南方雄岡雌岡の山、印南野の涯には播磨灘、その向うに淡路の島峯が遠望され、すばらしい景観の地で、当時荒れ果てていたのを、鎌倉末期に淡河氏が復興し、高泉寺と称し、淡河城の詰の城にすべく本堂の北の尾根に深い空壕を築き要害を極めている」「享保七年（一七二二）十月十五日出火、一院を残して焼失、江戸末期ついに無住となり、明治九年檀家並薬師堂を永春寺に合併して廃寺となった。往時は田二反、畑四反、山林十一町六反一畝十六歩の地が凡て黒印地であった。いま高泉寺の遺物は寺址の麓にある永春寺に保存されている。破損が甚しいが一木造りの阿弥陀仏は平安期のものであり、室町期の宝篋印塔などの寺の歴史を物語るものが遺されている」と述べている（「時宗と淡河氏」『時衆研究』七五）。

丹生山に入った真教らの一行は「上人恋慕の涙をのみぞながし」ながら、「林下に草の枕をむすび、叢辺に苔の莚をまうけて夕の雲に臥し、暁の露におき」るなどしながら、命終の日を待っていた。餓死するつもりでいたらしい。死ぬつもりならば、他の門弟たちのように前の海に入って入水往生すればよいし、山野をえらぶならもっと近くにだってあったはずである。丹生山は和田岬から行程十数キロはあろうし、しかも六甲山地を越えなければならない。この地をどうして選んだかは明らかでない。伝記によるかぎり、以前丹生山に入った形跡はないので、弟子たちのなかにこの地の出身者がいて手引きをしたのかもしれない。当時、一遍の名が遠近に聞えていたことは、「その時しも湊川(みなとがわ)に侍りしほどに、かの最後のありさま、よくきゝ侍り」(『野守鏡』)というように、一遍の死を湊川で聞いた人もいた。湊川は兵庫から丹生山への道の途中にあった。兵庫から島原・西湊川・小部を通って原野に行く道が古い街道で、原野から川沿いに下ると坂本、坂本から丹生山への参道があった。

丹生山で念仏していたとき「此山のふもと粟河といふ所の領主」が噂を聞いて、念仏札をもらいに来た。このとき真教は「聖は已に臨終し給ぬ。われらはいまだ利益衆生に

粟河の領主や時衆の勧めにより知識の位につく

むかひたらばこそ」、一遍聖はすでに没し、私たちはその許しを得ていないので、衆生を利益（教化）することもできないし、念仏札を授けることもできない、といってことわった。ところが、「かやうに縁をむすび奉べきものゝ侍る上は、只給らむ」、私のように化導にあずかりたいと願っている人がいるのに、念仏札を与えて下さらないのは不届きではないのかと領主が、しきりに所望したので、真教はやむを得ず「如此化導ありぬべからんには、徒に死ても何の詮かあるべき。故聖の金言も耳の底に留り侍れば、化度利生し給にこそ」ということで、念仏札をあたえるとともに、衆に推されて知識の地位についた。このとき、与えた念仏札について、金井清光氏は真教が一遍から受けた札であろうといっているが（『一遍と時衆教団』）、石田善人氏は「真教たちが、一遍の遺品として配り残していた念仏札を持っていなかったともいいきれないから、粟河の領主に渡した念仏札が、真教が一遍から与えられた念仏札そのままだったかどうかはわからないような気もする」（「再掘日本宗教史――一遍」『中外日報』）といっている。

師に殉じて死の道をえらぶのが知識帰命であったにしても、それが本当の宗教者としてとるべき方法なのか、たとえ師に反した行動をとったにしても、民衆の要望にこたえ念仏勧化の道を歩むべきなのか、二者択一をせまられた。真教が賦算することに躊躇しているのは、知識になっていなければ賦算そのものに意味はない、賦算することはできないというのである。一遍は熊野権現の啓示を受けたが、真教にはそうした事実はない。ここに衆におされて知識となったという意図が出てきたのであろう。

粟河の領主と淡河殿は同一人

真教に死を思いとどまらせ、教団の再出発をすすめた「粟河といふ所の領主」とは、誰を指すのであろうか。奈良西大寺叡尊の『感身学正記（かんしんがくしょうき）』によると、叡尊は播磨国美嚢郡上淡河村石峯寺の本堂が再建されたとき、落慶法要に招かれ下向した。弘安四年(一二八一)二月二十八日四天王寺を出立した叡尊は、生瀬（なまぜ）の宿を経て石峯寺に入り、翌二十九日十重禁戒を講じて布薩を行じ、三月四日本堂で一八〇五人に菩薩戒を授けた。このとき淡河荘の庄山東西三里、南北二十四―五町に殺生禁断の請約状をすすめ、翌五日七十七人に菩薩戒を授け、六日堂供養の法会を修して、七日有馬温泉寺へと出立した。この当時の淡河の領主は北条時俊であった。弘安四年といえば、「幡磨の淡河殿と申す女房」に一遍が最後の念仏札をあたえる八年前のことであったから、一遍晩年当時の淡河の領主と北条時俊とは同一人とみて差支えあるまい。

北条・河野両氏関係系譜

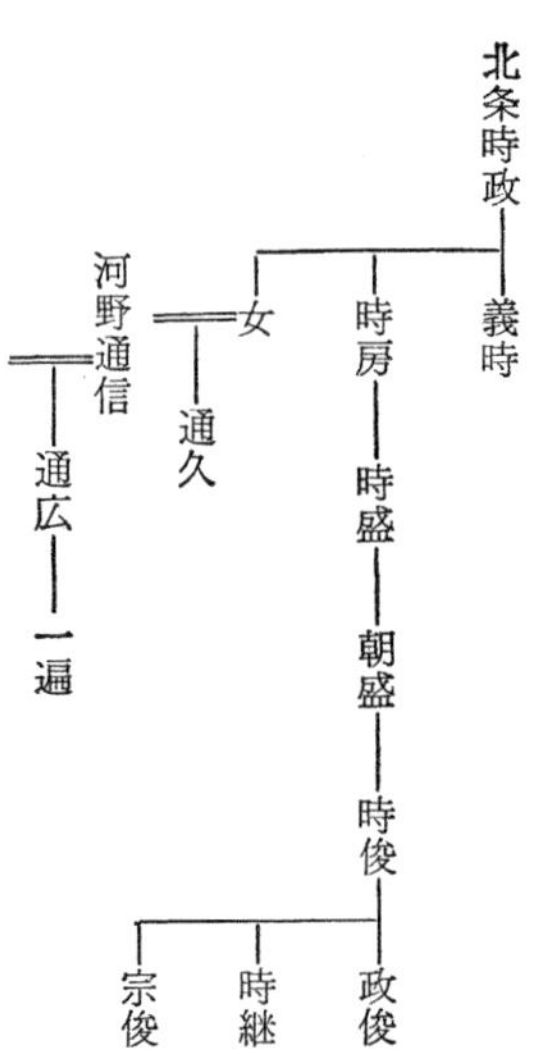

時俊であるとすれば、彼は寛元元年（一二四三）のころ生まれているので、一遍が没したときは四十七歳であった。もと淡河荘は淡河中務兼定の所領であったが、兼定が承久の変のとき京方についたため、召上げられて北条時房の所領となった。ところが時房は釆地におもむかず預所（あずかりどころ）職（しき）として家臣の右近将監成正をつかわし（『石峯寺文書』）、貞応元年（一二二二）三月伊勢国に十六ヵ所の荘園をあたえられたことによって（『吾妻鏡』）、淡河荘をその子掃部助時盛に相伝した。

北条時俊の周辺

時俊からすれば、曾祖父にあたる時房の姉妹である谷は河野通信に嫁し、のち通信は二階堂行光の娘を妻に迎えた。一遍の父通広の母は行光の娘であったから、一遍にとって血縁的に時俊とは関係はないが、こうしたつながりのあることも承知の上で、時俊の妻は念仏札をもらいに来たのかもしれない。時俊の子宗俊は神戸真光寺本『一遍上人絵詞伝』(元亨三年書写)の発願主であり、『時衆過去帳』元応二年(一三二〇)六月二十一日条に見える弥阿弥陀仏は時俊のことであるという(下田勉「時衆と淡河氏」『時衆研究』六三)。なお湯山学氏は『感身学正記』所見の「平時俊なる者は、他阿上人法語に見える佐介安芸守貞俊の父安芸守時俊ではあるまいか」(「『他阿上人法語』に見える武士(1)」『時衆研究』七五)といっている。

三　法燈を嗣いだ聖戒と『聖絵』

一遍には「一千余人の弟葉」と、教えを受けた長老が所々にいたようであるが、そのなか最も有力な、一遍の法燈をうけついだ門弟は、血縁的にもっとも一遍に近い聖戒と、熊野下山後もっとも早く一遍の門下に入った真教であった。聖戒の伝記として『開山弥阿上人行状』があり、奥書に「元弘元辛未年二月十五日六条河原院紫苔山歓喜光寺第三世性阿瑞光書之」とあるところから、元弘元年(一三三一)六条道場歓喜光寺の性阿瑞光によって書かれたものとされているが、元弘元年は八月十日に改元されている。『行状』は、「当寺開山上人、諱は聖戒、阿号は弥阿、世姓は予州河野家の嫡孫也」として、弥阿上

弥阿弥陀仏と聖戒は別人

人が聖戒と同一人であるとしているが、聖戒が弥阿と称した事実はない。これは『聖絵』（巻十二）に「弥阿弥陀仏　聖戒」と二人を併記してあることによって生じた誤りであることは、原本を見れば明らかであり、二人の間には一字分の空きがある。また弥阿弥陀仏を弥阿と略称することもおかしいし、取名にしても「大乗の戒は化他の法門にして、自度は兼たり、故に大乗戒を聖所讃戒といへり。汝は大乗戒を受持して、広く衆生を利益すべしとて、聖戒と名づけ給ふ」と言っているが、本来僧名を付与するときは、経論中から選名することになっていた。聖戒の場合は師事した聖達の一字をもらって付けたと見た方がよさそうである。

『開山弥阿上人行状』は後世の作か

紙質にしても書体にしても、織豊期から江戸初期のものであるから、歓喜光寺所蔵の『開山弥阿上人行状』は原本ではなく、後世の写本である。このことは望月信成氏も認めており、また内容的に疑問のあることについては「長年月の間に何度か書写され、そのたびごとに多少の誤写もあり、改竄もあって、或は元弘三年を元年と写し違えたか、或は十二月十五日を二月十五日と一字を書き落したかではなかろうかと考える」と述べ、「内容的に検討する時、後世強いて偽作しなければならぬほどのものもなく、むしろ信憑して差支えのないものと私は思う」（「一遍聖人絵伝について」日本絵巻物全集第一〇巻『一遍聖絵』）と言い、真撰説をとっている。望月氏がこうした発言をする前提になっているのは「予、常におもん見るに、きのふは今日の昔となり、斯世の有様去者日々にうとし、後代何を以て当寺の伝記をしるべしと、色阿上人より口授相伝して一巻を書記す」と述べている、聖戒の直弟色阿聖瑞の相伝を書き記したものであるから、確かなものだということであるらしい。これに対して石田善人氏は「この書物は写本ではなく、元弘元年に仮托した原本そのものである。したがって、その内容も明らかな誤謬が多く、織豊期から江戸時代初期に六条道場では、そのような誤謬が伝承としてあったか、または創作したかのいずれかであるという事実しか示すものではない」（「再掘日本宗教史――一遍」『中外日報』）といって、後世の作と断定している。

聖戒は一遍の義弟

一遍の弟聖戒は文永八年を去ること、あまりへだたらないころ、一遍にしたがい、大宰府におもむき「あいしたが」う身となったが（『聖絵』巻一）、このとき師事したのは聖達であった。『法水分流記』には聖達の弟子に聖恵・聖観をあげているが、ともに「聖」の字がつけられているのを見ると、聖戒の僧名を付与したのは聖達であったろう。同十年七月にはただひとり一遍にしたがい、菅生の岩屋に参籠した。ここで修行したのち、一遍は翌十一年二月「舎宅田園をなげすて、恩愛眷属」とも別れて、ただ「修行随身の支具」となる詮要の経教のみを手にして遊行の途にのぼることになったが、そのとき本尊や聖教などは聖戒にゆずっている。聖戒は母とともに見送ったのち、そのあとを追いかけ五－六日同行したのち桜井で別れた。再び会うことができぬかも知れぬ異母兄に対する愛情のあらわれであったろうか。

念仏の形木の付属を受く

桜井での離別にあたって、二人は「師弟の現当の約」をむすび「臨終の時はかならずめぐりあふべし」と約束し、一遍から名号と十念を授けられている。その後、六月十三日、熊野権現から啓示をうけたのち、たよりにつけて消息をしたため「念仏の形木」を付属し、この形木で刷った念仏札をもって結縁すべきことを要請した。以来、臨終時まで二人が会ったか会わないかははっきりしていない。

一遍と聖戒の親近感

正応二年八月、一遍が兵庫の観音堂に入ってからのち、聖戒の名はしばしば見えている。聖戒の名が明らかに『聖絵』の上にあらわれてくるのは八月二日のことで、この日聖戒は一遍の右脇にはべり、口述するところを筆にとり、法門の要を記し、十五日には時衆たちの集まったところで、一遍は「結縁は在家の人こそ大切なれば、今日より要にしたがひて近習すべし。看病のために相阿弥陀仏・弥阿弥陀仏・一阿弥陀仏ちかくあるべし。又一遍と聖戒が中に人居へだつる事なかれ」といっている。そして十七日の酉の刻（午前六時－八時）浜に出たところ、御臨終だといって人びとが騒いでいたので、一遍のもとに急いで行ってみると、「かくて存ぜる事、自（みずから）のため他のため、其詮なければ、臨終してみれば、其期いまだいたらず、たゞ報命にまかすべきか、又しゐて臨終すべきか」、こうして生きていても自分のためにも、人のためにも何も役に立つことはないから、臨終を迎えようとしたが、まだその時期ではない。この上は定命にまかした方がよいのか、それとも思いきって命終した方がよいのだろうか、と述べたという。翌十八日には聖戒を呼びよせ、「わが目を見よ、赤き物やある」といっている。赤い筋が目にあるか、否かというのである。赤い筋があればまだいのちはあるし、なければ死も間近いというのであろう。また、二十一日の日中、聖戒が一遍のもとに行くと「時衆みなこりかきて、あみぎぬきて来るべきよし」、時衆は水を浴び身をきよめ、阿弥衣を着てくるようにと、ことづけているというように、聖戒自身が体験をしたことでもあり、また自ら筆を執ったこともあって、『聖絵』は巻十一から巻十二にかけては、一遍と聖戒との関係をこまかに語っている。

一遍と聖戒との関係を『開山弥阿上人行状』には「予州河野家の嫡孫」であるとして明示していないが、『越智系図』は弟通定にあてている。『聖絵』の正応二年八月十七日の条には、西に向って合掌する一遍に対し、乗りだして何事か答えている聖戒を配している。二人はたがいに凝視している。心なしか顔かたちはよく似ている。瓜二つといった方がよいかもしれない。こうした絵を描いた背景になっているのは、絵巻は絵解きにも用いられたので、違ったことは書けないから、事実二人は似ていたということ

相い対峙している一遍（左）と聖戒（右）（『聖絵』）

聖徳太子像の造立

になるであろう。

聖戒は聖阿弥陀仏とともに、一遍とその父如仏、および行阿弥陀仏・覚阿弥陀仏の菩提をとむらうために、南無太子すなわち聖徳太子の二歳のときのすがたを模した二尺三寸二分の高さをもつ立像を造立している（京都府向日市宝菩提院蔵）。銘文によれば、この像を造立した人は、聖戒と聖阿弥陀仏、菩提の対象としたのは一遍とその父如仏（河野通広）、それに行阿弥陀仏と覚阿弥陀仏であるが、この人も河野家ゆかりの人であったらしい。この人を『時衆過去帳』のなかに求めると覚阿弥陀仏は弘安八年七月二十二日、行阿弥陀仏は正応二年八月二十三日一遍のあとを慕って入水往生した人に比定することはできるが、同じ名跡をついでいる人が多いので確定することはできない。聖阿弥陀仏の名が『時衆過去帳』に見えていないのは、『過去帳』がのちに真教系に相伝したからとも思

南無太子像
（京都府宝菩提院蔵）

われる。それにしても父や兄一遍の名が見えているのに母の名は見えない。とすれば、聖阿弥陀仏は聖戒の母であったかも知れない。

『開山弥阿上人行状』によれば、聖戒は元亨三年（一三二三）二月十五日、京都鳥辺山の草庵で没したときに歳六十三であったというから、文応元年（一二六〇）の生まれ、文永十一年一遍を見送ったときは十五歳、一遍が没したときは二十九歳であった。

『一遍聖絵』著述の願主

一遍の最も期待された聖戒は、正安元年（一二九九）八月、一遍の滅後十年の忌日にあたり、『聖絵』十二巻を完成した。著述の動機について「一人のすゝめにより」「遺恩をになひて報謝しがたく、往事をかへりみて、忘却する事をえ」なかったためである、といっている。本書は、西方行人としての聖戒が原文を書き、それを四人の人が筆をとり、法眼円伊を指導者とする、およそ三人の絵師によって画図が添えられたもので（宮次男「一遍聖絵と円伊」『美術研究』二〇五）、京都歓喜光寺に所蔵されている。歓喜光寺はまた六条道場とも呼ばれているので、六条道場本と呼称されることもある。『聖絵』の模写本には京都新善光寺旧蔵（奈良北村家および東京前田育徳会現蔵）・京都七条道場旧蔵（大阪藤田美術館現蔵）・佐渡大願寺所蔵の三本が知られている。

「一人のすゝめ」によって、本書は成ったというが、「一人」とは誰を指しているのであろうか。ちなみに「一人」を「いちじん」と読めば天皇、「いちのひと」なら摂政・関白の地位にあった人のことである。この場合は、摂政・関白の位にあった人を指している。正安元年当時の摂政は藤原（二条）師忠の子兼基であるから、この人に比定したこともあったが、発願から完成までにはかなりの歳月を閲したであろうことを考慮に入れるならば、兼基でなかったかもしれない。望月信成・金井清光両氏は『開山弥阿上人行状』に「于時人王九十二代後伏見院御宇九条関白忠教公、上人を帰依によって九条の殿に参り、時宗の法要一遍上人の行、身命を法界につくし、衆生平等化益の修行し、諸国にて念仏を勧進し給ひ、諸仏神も感応おはしましけるよし、悉く詞説し給ふに、忠教是を深く信心し給ひて、来世の衆生結縁のために、聖の行状をあらはし置べしとて、土佐円伊に画図をうつさ

摂政・関白の在任年時

在任年時	摂関別	在任者
弘安十年八月—正応二年四月	関白	藤原師忠
正応二年四月—正応四年五月	同	藤原家基
同　四年五月—同　五年二月	同	藤原忠教
同　六年二月—永仁四年六月	同	藤原家基
永仁四年七月—同　六年七月	同	藤原兼忠
同　六年正月—正安二年正月	摂政	藤原兼基

結縁者一覧

階層	結縁者	聖絵	絵詞伝
公家	土御門入道前内大臣	○	○
	従三位基長	○	
	大炊御門の二品禅尼	○	
	頭の弁なる人		○
武士	大友兵庫頭頼泰	○	
	信州佐久郡の大井太郎	○	
	武蔵国あぢさかの入道	○	○
	たかはたの入道	○	
	丹波国の山内入道	○	
	地頭代平忠康	○	
	幡磨の淡河殿と申す女房	○	
神主	吉備津宮の神主が子息	○	○
旧仏教僧	延暦寺東塔桜本の兵部卿竪者重豪	○	○(宴聡)
	願行上人の門弟生阿弥陀仏	○	
	鎌倉の詫磨の法印公朝	○	○

せ」とあるのを根拠に藤原忠教にあてている。

一遍の遊行したあとをたどって回国した聖戒は、少なくとも三人の絵師と、遊行のようすを知っていた何人かの時衆をともなっていたらしい。回国にあたって絵師をともなっていたことは、時衆がかつて一遍らと遊行したときのように、乞食同然のすがたで旅をすることはできなかったであろう。宿舎も食事も用意してやらなければならない。しかも『聖絵』は絵巻物としては珍しい絹本で、詞書の

横川の真縁上人	○	
前天台座主菩提院僧正証覚		○
竹中法印承詮		○
唐橋法印印承	○	○

部分は色紙継ぎのように、赤・緑・黄・白・茶などの絵具を絹に塗って料紙とするといった、平安朝時代に製作された絵巻物の名残りを色濃くとどめている、極彩色のすばらしい豪華本であったから、これだけのものを製作するには多額な費用を必要としたであろう。

『一遍聖絵』成立の社会的基盤

こうした費用を調達した背景には公家の存在が考えられる。聖戒が公家に接近したであろうことは、前表にしめしたように『聖絵』に登場する階層の多くが公家や武士であることによっても知ることができる。『絵詞伝』と比較しながら、教団をささえていた階層を整理してみると、『聖絵』は公家、武士を背景に、『絵詞伝』は旧教団関係の人たちを意識しながら成立したであろうことが知られる。すなわち『聖絵』は「よき武士と道者とは、死するさまをあだにしらせぬ事ぞ」といって武士を称揚し、武士を多く登場させているが、それは編者聖戒が一遍智真とともに武士の流れを汲む人であり、武士階層の強いささえによって、教団が形成されていることを説こうとしたためであろう。

武士は御恩と奉公によって、主従の関係がかたく結ばれていた。しかも分割相続（元寇以後は惣領相続）しながらも、氏族としての結合はきわめて強く、彼らの宗教観は末法思想と罪悪感、さらには冷静な行動をすべきことを要求されていた生活上の問題からしても、現実の生活を捨てないで往生をとげるにはどうしたらよいか。換言すれば一日でも生きながらえたいという誰しもがもつ現実の願いの上に、まったく相反した往生思想をかさねようとしていた。

他面、彼らは「貞永式目（じょうえいしきもく）」に幕府支配下の国々や荘園内の神社、仏寺を崇敬し、破損を修理すべきことを要求されているように、神と仏を同時に崇拝すべきことを義務づけていた。武士であるからには、氏神の氏子でもあったから、神を否定することは許されない。いわば、武士は常に世間という現実を肯定しつつ、出世間である仏教を現実からみなければならない立場におかれていた。こうしたあるべきすがたを説いたのが一遍であり、その思想は聖戒にもうけつがれ、その影響は『聖絵』に多分に窺うことができる。

これに対し『絵詞伝』には旧仏教教団関係の僧が多く見られることは、真教を含めて一遍智真の流れが、旧教団から公認されていることをしめそうとする意図があったようである。だが、成立過程において、そうした意図があったにしても「異類異形にしてよのつねの人にあらず、畋猟漁捕を事とし、為利殺害を業とせるともがら」(『聖絵』巻八)を教化したとか、また庶民の群がるさまを描いていること、十五年間の結縁者が二百五十万人以上もいたことは、一遍の教化対象が一般庶民であったことを物語っている。

四　教団の形成者真教と『絵詞伝』

真教のまとまった伝記は残されていないが、『絵詞伝』は巻五以下をその伝にあて、正応二年八月から嘉元元年十二月までの遊行の記録をのせている。真教は、一遍が「九州をまはりて四国へわた」ろうとした建治三年(一二七七)のころ「はじめて同行相親の契をむすび」(『聖絵』巻四)、以来、師の没するまで随従していた。正応二年一度は丹生山に入り「知識にをくれたてまつりぬるうへは、速に念仏して臨終すべし」と覚悟したこともあったが、粟河の領主北条時俊のすすめにより、死を思いとどまり教団の再編成を試みることになった。

越前国を中心に遊行

真教の面影（『絵詞伝』）

その後、正応三年夏「機縁に任て越前の国府」に入ったといえば、少なくとも半年間は播磨国を中心に遊行していたらしい。どのような機縁があって越前国におもむいたか明らかでないが、時俊の次男時継は越前国大野郡牛ケ原荘を領していたので、そうした縁で、時継らの招きもあって国府（福井県武生市）へ遊行したのではあるまいか。越前では惣社に七日参籠したのち、佐々生・瓜生などを経て、その年の暮には再び惣社にもどってきて歳末の別時を修している。翌四年加賀国に入り、今湊・藤塚・宮腰・石立をめぐり、五年秋には三たび越前国の惣社に詣でた。

真教の教化によって「国中の帰依、尊卑首をかたぶけずといふ事なし」といった状態となったのを嫉妬した平泉寺の法師は、越前国から真教を追放しようとして、惣社の社殿をとりかこみ、鬨の声をあげ、「飛礫を打事、しげき雨のごとく」であったという（『絵詞伝』巻六)。平泉寺は旧教団にぞくした寺であったから、このままでいれば念仏教団のために席圏されてしまうであろうことをおそれた旧教団の、出国要求を目的とした実力行使であったと見てよいであろう。

越中国から甲斐国へ

迫害をうけた一行は、越中国氷見を経て、翌六年には放生津を遊行、その後北上して、越後国におもむき、柏崎・池を通り越後の国府で越年した。翌永仁二年(一二九四)北国街道を南下して、関山・熊坂を越えて信濃国に入り善光寺に参籠。同三年には佐久から野辺山高原を通って甲斐国に入り、一条・中河・小笠原を経、御坂から河口をまわり、相模国に入ったようであるが、『絵詞伝』にはその間のことは記していないのではっきりしていない。

上野・下野両国を遊行

越えて永仁五年には上野国を遊行、同年六月下野国小山新善光寺の如来堂に留錫、翌六年武蔵国村岡まで来たとき病にかかり重態となった。このとき、時衆の心得をしめしたものが『他阿弥陀仏同行用心大綱』であるが、その後翌七年にかけては病みあがりの老躯をいたわるためか、あまり遊行しなかったようである。

真観を教化

正安二年(一三〇〇)十一月上野国板鼻を遊行したとき浄阿弥陀仏真観は真教に会い、法談三日ののち弟子となった（『浄阿上人伝』）。真観はのち京都に四条道場金蓮寺（こんれんじ）を建て、ここを中心に布教し、その一派は四条派と呼ばれている。翌三年には病もすっかり癒えたらしく越前国にまでおもむき角鹿笥飯（つるがけい）（敦賀気比）大神宮に詣で、時衆らとともに「四五町ばかりゆきて、浜の沙をはこび」参道を修理したという。

伊勢国から摂津国へ

十月伊勢国に入り、細谷の如阿弥陀仏の一周忌の法要をつとめ、十一月の初めには櫛田の赤御堂に逗留したのち、伊勢外宮に詣でた。乾元元年（一三〇二）には越前国敦賀を遊行、三月四日愛発関（あらち）を越えて近江国におもむき海津の浜に出、その足で竹生島（ちくぶしま）や小野社に参詣した。八月さらに道を西にとり、摂津国兵庫で師一遍の十三回忌の法要を十七日から七日間にわたり修したが、その間京都を通ったはずであるが、京都での化益について、『絵詞伝』はまったくふれていない。真教が生まれたのが京都でないにしても、有縁の地であったことは事実であろう。それに一時的にせよ、行を共にした聖戒もいたはずである。それをあえて避けて通っているのは、なぜだろうか。

相模国当麻に独住して遊行に終止符をうつ

兵庫で法要を修した年の秋、武蔵国浅提のあたりを遊行し、暮には相模国当麻で歳末の別時を修したのを最後に、遊行十五年にピリオドをうち、嘉元二年（一三〇四）正月遊行の法燈を弟子量阿弥陀仏智得(ちとく)にゆずり当麻に道場（無量光寺）を建て独住することになった、ときに歳六十八。独住とは道場に住して遊行回国しないことであり、遊行を十五年で終止符をうったのは、師一遍がやはり遊行十五年で没しているので、それを越えてはいけないと考えたからであろう。

独住後の真教は、布教のかたわら冷泉為相、為相の兄為教（京極）の子為兼、為相の弟暁月房、『夫木和歌抄(ふぼくわかしょう)』の撰者勝間田長清といった人たちと和歌を通じての交わりをもっていたようであるが、独住十五年の後ち文保三年（一三一九）正月二十七日「月ははや秋風に影ふけぬ　山のはちかき我をともなへ」の歌を詠み、八十三歳で没した。

『一遍上人絵詞伝』の特色

『絵詞伝』は真教の晩年のことは記していない。智得に遊行の法燈をゆずったことも書いていない。この伝記を執筆したのは、末尾に「弟子宗俊、宿因多く、幸いに上人の済度に逢い奉り、出離の要法を聞くことを得」（原漢文）たといっているように宗俊であり、真教在世中のことであった。しかも、ここでは「仏子某、去廿七日夜の暁、夢に金色の阿弥陀仏を拝す。傍に菩薩まします、大勢至也。観音のみえたまはぬ間、いかなるいはれにて侍(はべる)やらむと問たてまつるに、仏のたまはく、観音をば済度利生(さいどりしょう)のために娑婆へつかはす、其名を他阿弥陀仏と号す、勢至ぼさつをもつかはしたりき、一遍房といひしが還来れるなりと示し給」(巻十)というように、神格化して語っている。

『絵詞伝』は『聖絵』のように、その出生から年次をおって書くというようなことをしていない。一遍の場合、すでに成人した聖が兇賊にあい難を遁れたという場面にはじまり、次に熊野権現から神託を授かるという図を描くなど、伝中における山場といわれるものを中心に描いている。また一遍を描く場合にしても、聖は他の人物より大きめに描いて理想化し、目立たせようとしているし、また随所に教団の在り方を示唆するような筆法をとっている。当時、世人から最も軽蔑され、社会からその存在を無視されていた乞食・らい者といった人間としての取り扱いさえ受けていなかった人を登場させ、しかも米などの施しを受けているさまを描いているのは、阿弥陀仏は貴賤老若を問うことなく、貧賤病者といった人でも救ってくれる。それは阿弥陀仏ばかりではない、その代官である聖もそれらの人たちを救済し社会の浄化を志しているのだということを明示しようとしているらしい(第三巻第一段)。また屋内屋外を問わず、そこにいる僧尼は規律正しく、二群に分れている。ここでの尼僧の顔は必要以上に白く塗られ、いかにも女性だという目鼻だち、しぐさをしている。屋内では十二光箱によって僧尼の席をはっきりと分けているが、ここでいおうとしているのは、時衆では僧尼が同席することによって問題をおこすことはないということらしい。

真教は一遍にとり根本の弟子

『絵詞伝』によれば、一遍聖は建治二年熊野に参詣し、権現より「御房の勧めによりて始て衆生の往生すべきにあらず。阿弥陀仏十劫正覚に一切衆生の往生は、南無阿弥陀仏と決定する所也。信不信を論ぜず、浄不浄を嫌はず、たゞ其札を賦て勧べし」（巻一）という教示を受け、さらに翌三年九州を遊行し、大隅八幡宮に詣で、北上し豊前国に来たとき真教は弟子となった。真教が一遍にとって「はじめて随逐」した、根本の弟子であったことは、『聖絵』にも「他阿弥陀仏はじめて同行相親の契をむすびたてまつりぬ」（巻四）と記し、聖戒も認めているように、かくれない事実として、衆団内に知れわたっていた。他阿弥陀仏と真教とは同一人である。以来、真教は『絵詞伝』によるかぎり、影の形にそうがごとく、一遍に随逐し、弘安三年には奥州におもむいている。奥州に向う途次、白河の関で西行が詠まれた歌を思い出し、真教は関屋の柱に「しら川のせきぢにも猶とゞまらじ　心のおくのはてしなければ」と書きつけた。そのとき一遍も、それに和して「ゆく人をみだのちかひにもらさじと名をこそとむれしら河のせき」とよんだといっているが（『絵詞伝』巻二）、『聖絵』には「弘安三季、善光寺より奥州へおもむき給に、旅店日をかさねて勝地ひとつにあらず、月は野草の露よりいでゝ、遠樹の梢をいとはぬさかひもあり、日は海松(みる)の霧をわけて、天水の浪にかたぶくところもあり、漁人商客の路をともなふ、知音にあらざれども、かたらひをまじへ、邑老村叟(ゆうろうそんゆ)の勧化をまたずして縁をむすぶ、かくて白川の関にかゝりて、関の明神の宝殿の柱にかきつけ給ける」（巻五）と述べ、歌を書いたのは一遍であったといい、真教の歌については言及していない。

さらに正応二年、もはやこれまでと兵庫の観音

時宗総本山清浄光寺（藤沢市遊行寺）

一遍は命終にあたり所持した聖教を焼く

堂に入ったとき、あたかも真教も病の床に臥する身となった。そのとき一遍は「われ已(すで)に臨終近付ぬ、他阿弥陀仏はいまだ化縁(けえん)尽ぬ人なれば、能々看病すべし」と、自分はすでに命終のときも近づいたが、他阿弥陀仏はまだこの世との縁はつきていない、病はかならずなおると断言し、弟子たちをして看病させたとか、また「南無阿弥陀仏は、うれしきか」との下問に、真教ははらはらと落涙した。その由を見た一遍は、「直也人(ただびと)にあらず、化導をうけつぐべき人なり」といい、真教こそ我が教えを領解し、法をうけつぐにたる器量の仁であるとして、遺誡の法門を書きあたえた。八月中旬、病いのおもくなったときには、一遍は念仏のほか他事なく、訪う人があれば真教が代って接し、書札があれば代って返書をしたためたという。『絵詞伝』によるかぎり一遍は生前すでに、化導をうけつぐにたる人であるとして認められていた。ここには法燈継承者としての路線がしかれていたことを暗示させるような書き方をしている。

五　法語集の編集

一遍は命終にのぞみ「一代聖教みなつきて、南無阿弥陀仏になりはてぬ」と述べて、所持したすべての書籍を焼き捨てたというから、著書や法語の類はすべて焼却してしまったのであろう。しかし、焼却したといっても消息類で手許にあったのは、来信したものであって、一遍自身のものではあるまい。一遍のものは宛先きにあり、それを取りよせてまで焼きすてることはないから、書信を手にした人たちは、それを亀鏡として、後生大事に所持したであろう。一遍が世を去ってみれば、その一つ一つが往生の手だてとなり、今後の生活の指針となるものであったから、それは後のちまで大切に保持され伝えられたことであろう。

『聖絵』によれば、一遍は入滅に先だって、書写山の寺僧に「もち給へる経少々」渡したが、そのなかに彼の著述した聖教がまったくなかったとはいえない。また、命終を前にして聖戒は一遍の口述により法門の要を筆録したといい、真教も遺誡の法門を書きあたえられている。まして悟りを開いてから入滅までのあいだ、一遍から念仏とか往生についての教えから生活態度に至るまで教示された法語、消息の類は数多くあったであろう。一遍が世を去ってみれば、耳底にのこっていることばのはしはしは、いつまでたっても忘れられるものではない。時々思い出しては、そのことばをかみしめ、法語を取り出しては往時を追想したことであろう。それとて日がたてばたつほど、忘れ去られていく。こうした時に、足跡を再度たずねてみよう、伝記をのこしたい、法語・消息などのこされているすべてのものを集めたいと考えるような気運が生まれてきた。こうした背景のもとに成立したのが、『聖絵』『絵詞伝』といった伝記であり、『法語集』であったと思われる。

『聖絵』『絵詞伝』所収の遺文

『聖絵』には別願和讃・誓願偈文・道具秘釈と、偈頌の類では六十万人偈・十一不二偈・礼書写山頌・答公朝書頌・六字無生頌・本無一物頌の六種、和歌五十二首、それに消息一通、法語一篇、遺誡一篇、門人伝説十二篇が一遍の真撰として収められ、『絵詞伝』には別願和讃・誓願偈文と、偈頌としては六十万人偈・十一不二偈・一称万行頌・答公朝書頌・六字無生頌を、和歌は二十八首、それに消息二通、法語三篇、遺誡一篇、門人伝説三篇をおさめている。これをさらに、両者に共通して挙げられているものは、偈頌・和讃以外では消息・法語・遺誡が各一篇、和歌十六首・門人伝説二篇があるにすぎない。

このことは、それぞれの編者が、自らの体験と史観によって、一遍の真撰と認めたものを収めた結果であり、和歌のごとき淡路国の二宮大和国魂神社に詣でたとき、一遍は神社の正面に「名にかなふこゝろは西にうつせみの　もぬけはてたる声ぞすゞしき」と木札に書きつけたとか（『聖絵』巻十二）、また白河の関の明神の柱に「ゆく人をみだのちかひにもらさじと　名をこそとむれしら河のせき」（同上巻五）と書いたという例をのぞけば、多くは自ら随従していなければ聞知することのできないものばかりである。耳によって聞いたものであるからには、多少の誤りもあったかもしれない。テニヲハに多少の異なりがあるのは、そのためであろう。

一遍の法語を集めたもので最も古いものは、鎌倉時代末期から南北朝にかけてのころ筆写されたと見なされている金沢文庫所蔵の『播州法語集』（仮題）であるが、巻首・巻尾を欠き、しかも中に錯脱のある残欠本であるため、成立および筆写の年時を知ることはできない。しかし、ここには前半・後半を欠いたものを含めて、およそ七十三条の法語をおさめている。これに次ぐものは、高野山金剛三宝院に所蔵されている『一遍念仏法語』一巻で、「寛正六年（一四六五）六月日」の奥書があるが、漢文体になっており、百二条の法語が収められている。他に本書と同系統のものに『一遍上人法門抜書』一巻があり、これを『念仏法語』に対比してみると、一条と二条が前後し、末尾の七文を欠いているが、内容的にはほぼ同一であるといえる。

しかし、これら『法語集』に収められている法語は『聖絵』や『絵詞伝』にまったく収められていないものばかりである。このことは『聖絵』を編集した聖戒や、『絵詞伝』の編纂にあたった真教系の人とは、別の系統の人が編集したであろうことを物語っている。現存している『法語集』を整理してみると、金沢文庫本や『法門抜書』が『念仏法語』にくらべて原型をのこしている(拙稿「一遍とその法語集について」日本思想大系10『法然 一遍』)。原型に近いかたちをのこしているといっても、両本は配列も同一ではなく、漢和による文体の相違もあるので、同一系統のものと一概に決めつけることもできない。しかし、原『一遍上人法語集』というようなものがあり、それに時衆が所持して、道場に残されていた法語、たとえば「夫現世諸縁者、後世ノ為ニテ候ママ、浄土サイワイ疑ナシ。名号ヨリ外機法ナシ、往生ナシ。一切万法ハ経、内ハ徳ナリ。南無阿弥陀仏、息絶ヘル時思ヒヲ生ズルコトナシ。是レ即チ十劫正覚一念ナリ」が『一遍念仏法語』、「三心ハ但名号也。所以ニ至心信楽欲生我国ノ文、是ヲ称我名号ト釈セリ。故ニ称名ノ外ニ全ク三心有ルコトナシ」が『一遍上人法門抜書』にのみ見えているように、付加したものが、それぞれの衆団で所持され伝承されていた『法語集』であったろう。

『播州法語集』・『一遍上人語録』の刊行

このほか持阿の筆録した『播州法語集』と呼ばれている法語集があり、持阿は播磨国飾磨津(しかまつ)の人で、一遍が播州を遊行した折り入門したといっているが(賞山『播州問答私考鈔』)、出典は明らかでなく、武田賢善氏は山王堂の持阿弥陀仏(『一遍上人法語集』)、平田諦善氏は京都七条道場の初期の住持(『一遍教学の研究』)にあてているが、推定の域を出ていない。本書が神戸真光寺洞天と京都東山長楽寺義円によって刊行されたのは安永五年(一七七六)八月のことであったが、内容の配列は前三書とは、また異なっている。

こうして伝存していた法語集を整理し『一遍上人語録』二巻に編集したのは遊行五十二代一海であり、上巻に和讃・偈頌・法語・和歌など『聖絵』や『絵詞伝』に見えるものを収め、下巻には門人伝説として、前記古写本に収められているような法語を所収している。こうして編集されたものを上梓にふみきったのは小林宗兵衛(円意)であり、宗兵衛およびその子勘平の努力によって宝暦十三年(一七六三)、明和七年(一七七〇)、文化八年(一八一一)と三たび開板されている。

かつて赤松俊秀氏は「一遍の著述と推定される聖教について」(『鎌倉仏教の研究』)という論文を発表されて、京都誓願寺に所蔵されている鎌倉後期書写の「如来意密証得往生要義」「一念信決定往生要義」「弥陀観音勢至等文」「真宗肝要義」「臨終正念往生要」「決定往生要文集」等を収める五巻の聖教を、一遍のものと推定している。その理由としているのは、㈠釈尊入滅の二千二百二十五年、すなわち建治二年に弥陀の救済に浴したとしていること、㈡一遍の行状や断片的な法語を通して知ることのできるのは真言宗と関係が深いことであり、妙法蓮華と名号は一体であると説き、「本覚を如と名づく、始覚を来と名づく、始本二つならず、名づけて如来と曰う」と始本不二を説くなど真言念仏の影響を思わせるものが多い。㈢「法蔵、南無阿弥陀仏の正因に由り、正覚を報得する本願文」で名号酬因の報身を説いていることであり、㈣日本書紀を引用していることも、神祇崇拝を強調した一遍にはありそうなことであるといっている。

ところが、この説に賛同をしめしている学者はない。赤松氏は「この著者が建治二年に成道したと称していることは、一遍であることを肯定する理由にはなるが、それを否定する理由にはならない」といっているが、一遍は聖戒に念仏の形木をつかわした年時をはっきりと、文永十一年六月といっているからには、一遍の成道は文永十一年であって建治二年ではない。二尊二教を高調し、一聞生信一念帰依を説いているところからすれば、深草顕意の撰述書と見た方がよさそうである。

河野家系譜

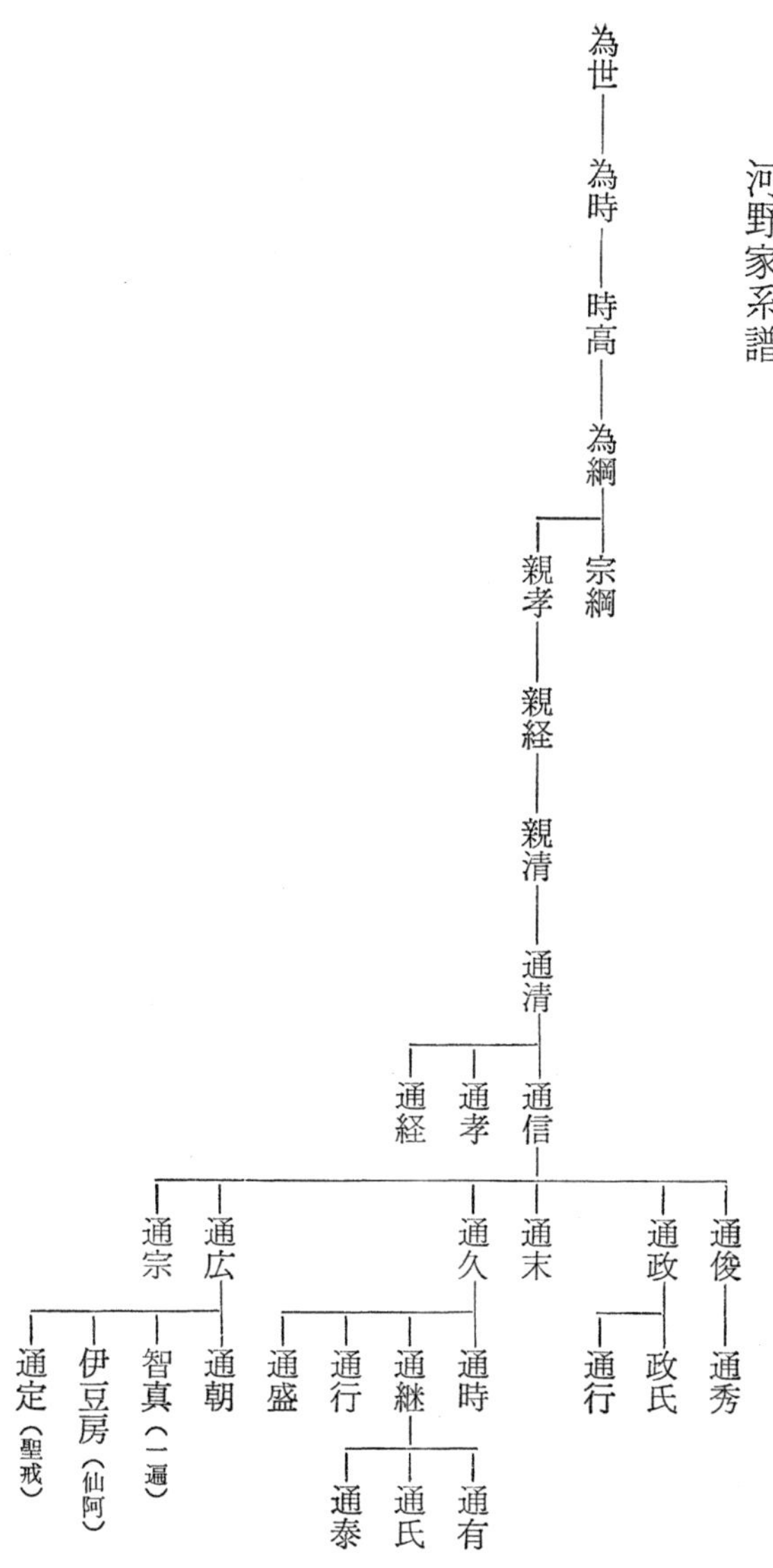
為世
為時
時高
為綱
宗綱
親孝
親経
親清
通清
通信
通孝
通経
通俊
通政
通末
通久
通広
通宗
通秀
政氏
通行
通時
通継
通行
通盛
通朝
智真（一遍）
伊豆房（仙阿）
通定（聖戒）
通有
通氏
通泰

遊行系譜（数字は世代をしめす）

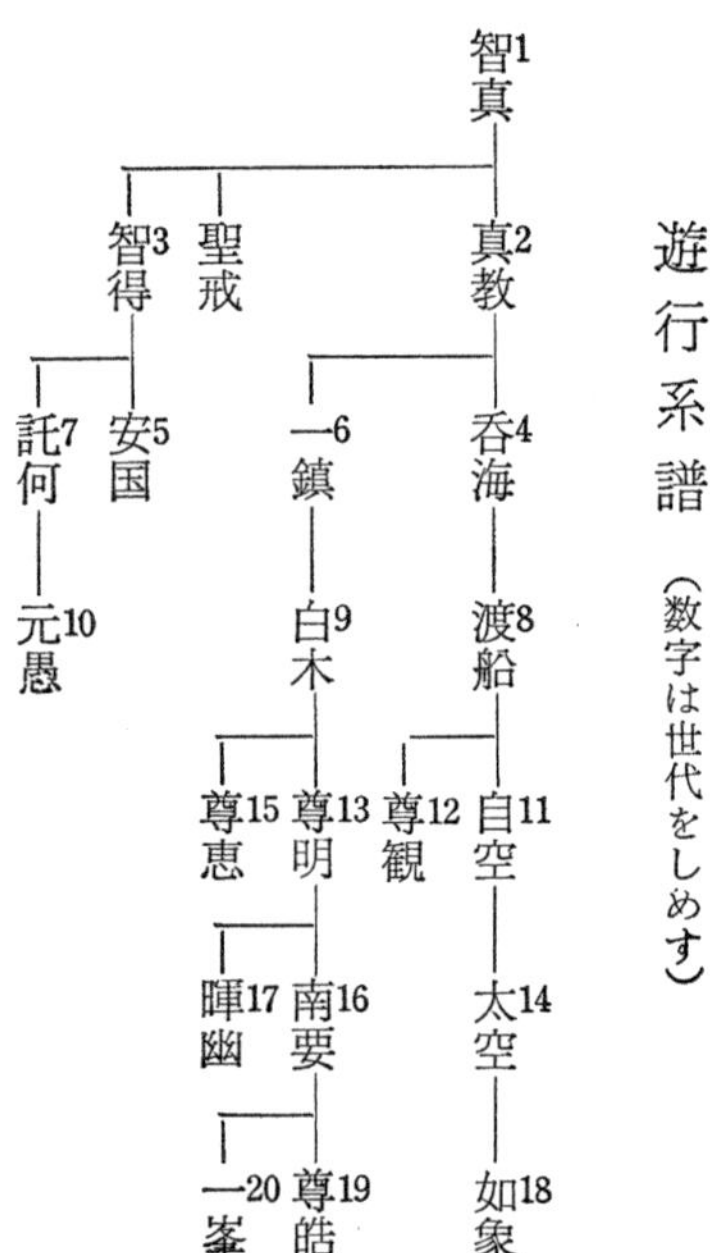

略年譜

年次（　）内は改元月日	西暦	天皇	年齢	事歴（一遍聖絵・時衆過去帳による）	関係事項
延応元（二・七）	一二三九	四条	一	伊予国で出生、父は河野七郎通広、幼名松寿丸	正月、一向俊聖筑後国竹野荘西好田に生る○二月、後鳥羽法皇隠岐で崩ず。春、良忠京に入る○四月、道元、重雲堂式を撰述す○一一月、九条道家東大寺で受戒す、法名行恵
仁治元（七・一六）	一二四〇		二		二月、良忠鎌倉の悟真寺に入る○五月、叡山の衆徒祇園神人をして念仏を停止せしむ
二	一二四一		三		二月七日、鎌倉大地震
三	一二四二	後嵯峨	四		八月、金剛峯寺の僧徒伝法院を焼く○九月一二日、順徳上皇佐渡で崩ず

寛元(二・二六)元	一二四三		五		六月、鎌倉大仏落慶○この年、摂政九条道家東福寺を創建し、僧円爾を住持とす
二	一二四四		六		七月、西山証入死す○一〇月一三日、幕府、評定衆三善康持に命じて博奕を禁じ、罰法を定む
三	一二四五		七		二月、将軍藤原頼経久遠無量院に八万四千泥塔を供養す
四	一二四六	後深草	八		三月、信州善光寺落慶○六月、六角堂・因幡堂等焼失
宝治(二・二八)元	一二四七		九		四月、法然の弟子幸西死す○一一月二六日、西山証空死す。同二七日、幕府六波羅に命じて、守護・地頭の所務を督励す
二	一二四八		一〇	母がなくなり、無常の理を悟り、出家し随縁と名のる	七月二五日、後嵯峨上皇、藤原為家に命じて和歌集を撰進せしむ
建長(三・一八)元	一二四九		一一		一二月九日、幕府引付衆をおく○この年、鎌倉に建長寺を創建
二	一二五〇		一二		四月二〇日、幕府命じて卑賤の輩

三	一二五一	一三	春、善入とあい具して筑紫におもむき、翌年大宰府の聖達の禅室に入る。聖達の指示により、肥前国の清水の華台に師事し、名を智真と改め、以来一両年浄土宗の章疏を学ぶ	の帯刀等を禁ず 二月一〇日、鎌倉大火。同二七日、熊野本宮焼失
四	一二五二	一四	春、再び聖達の膝下に帰り、随逐給仕す	八月一七日、鎌倉に金銅の大仏を造立し、深沢の里に安置す
五	一二五三	一五		四月二八日、日蓮清澄寺で法華信仰の勧奨をはじむ
六	一二五四	一六		正月一〇日、鎌倉名越大火〇七月一日、鎌倉大風雨〇九月、日蓮清澄山を退出して鎌倉におもむく
七	一二五五	一七		この年、前関白藤原実経手写の法華経を宋国の径山正統院に納む
康元元(一〇・五)	一二五六	一八		八月、鎌倉大雨で洪水となる〇一一月二三日、執権北条時頼、道隆に従って落髪
正嘉元(三・一四)	一二五七	一九		八月二三日、鎌倉大地震〇一二月二四日、幕府、廂衆をおいて結番

年号	西暦	天皇	年齢	事蹟	一般事項
正嘉 二	一二五八		二〇		せしむ 四月一七日、延暦寺の僧衆日吉神社の神輿を奉じて閑院に至り、園城寺戒壇のことを訴う
正元 元（三・二六）	一二五九	亀山	二一		四月、清水寺の寺塔焼失○この年、日蓮守護国家論を撰述す
文応 元（四・一三）	一二六〇		二二		正月四日、園城寺の戒壇を勅許す○七月、立正安国論を著わし、執権時頼に上呈す
弘長 元（二・二〇）	一二六一		二三		二月二九日、幕府関東の諸国に命じて、社寺の修繕・道路の修理・家屋行装の制限等を定む
二	一二六二		二四		二月、叡尊鎌倉に下向して授戒す○一一月二八日、親鸞死す
三	一二六三		二五	五月二四日、父如仏の死により、生国伊予に帰る	八月、山門衆徒の訴えにより、日吉神社神輿を横川中堂に振う
文永 元（三・二八）	一二六四		二六		五月二日、山門の衆徒園城寺を焼く○六月二六日、彗星東北にあらわれ、連月滅することなし

二	一二六五	二七		一二月二六日、藤原為家等、後嵯峨上皇の院宣を受け、続古今和歌集を撰進す
三	一二六六	二八		高麗王の臣、蒙古の牒使黒的・殷弘等をみちびき、わが国に到らしめんとしたが失敗
四	一二六七	二九		九月、蒙古王の督責により高麗王の使者来朝
五	一二六八	三〇		正月、蒙古王フビライ国書を奉じて通商を求む○二月、幕府讃岐の御家人に命じ、蒙古の襲来に備えしむ○三月、北条時宗執権となる
六	一二六九	三一		三月・九月の両度、蒙古の使者返牒を求めて対馬に来る
七	一二七〇	三二		この冬、東国に疫病流行す
八	一二七一	三三	春、善光寺に参詣し、二河の本尊を感得してえがく○秋、伊予国の窪寺に松門柴戸の閑室をかまえ、東壁に二河の本尊をかけ、万事をなげすてて、専ら称名す。このとき十一不二偈をつくる	九月一二日、幕府日蓮を捕え、一〇月一〇日佐渡に流す○一二月一六日、勅使を伊勢大廟につかわし、蒙古の難を告ぐ

文永 九	一二七二		三四		二月一五日、北条時宗、兄時輔を殺す
一〇	一二七三		三五	七月、伊予国浮穴郡菅生の岩屋に参籠し、遁世の素意を祈る。聖戒随逐す	一二月七日、佐渡の守護北条宣時、日蓮および弟子等の佐渡での弘教を禁ず○この年、一向俊聖、良忠のもとを辞し、諸国遊行の途にのぼる
一一	一二七四	後宇多	三六	二月八日、同行三人（超一・超二・念仏房）をともない、伊予国を立つ。その後四天王寺に参籠、四天王寺を経て、高野山に詣で、夏のころ熊野本宮の証誠殿に参籠。念仏賦算の啓示を受けて成道す。○六月一三日、新宮よりたよりにつけて、聖戒に念仏の形木を送る	二月、日蓮流罪をゆるされ、三月二六日鎌倉に帰り着く○一〇月二〇日、蒙古襲来
建治元（四・二五）	一二七五		三七	熊野を出て、京をめぐり、秋のころ本国に帰る	九月七日、北条時宗、元使杜世忠ら五人を鎌倉滝の口で斬る○一二月、幕府異国征伐を企つ
二	一二七六		三八	事のゆえありて、伊予国を通り、聖達の禅室におもむき、その後大隅正八幡宮に参詣。九州遊行の折り、大友兵庫頭頼泰、聖に帰依し、衣などをたてまつる	三月一〇日、幕府九州の将士に命じて、筑前国筥崎より今津に至る海岸に石塁を築き、外敵にそなえ

年号	西暦	年齢	事蹟	一般事項
三	一二七七	三九	○この年、他阿弥陀仏真教入門す	る 一〇月、藤原為氏、弟為相の所領を押領したため、為相の母阿仏尼鎌倉に来て訴訟す
弘安元（三・二九）	一二七八	四〇	夏、伊予国に渡り、秋、安芸国の厳島に参詣○冬、備前国藤井で、吉備津宮の神主の妻、法門を聴聞して出家す。その後福岡の市で念仏をすすむ。このとき吉備津宮神主の子息をはじめ、弥阿弥陀仏・相阿弥陀仏ら二百八十余人出家し、道時衆と俗時衆の区別ができる	閏一〇月一三日、内裏焼失
二	一二七九	四一	春、都にのぼり、因幡堂に宿す○六月、思阿弥陀仏死す○八月、因幡堂を出て、信濃国善光寺に赴く。その後同国佐久郡伴野の市庭の在家で、歳末別時を修していたとき紫雲がたつ。ついで踊念仏す。同国小田切の里の或る武士の屋形でも踊念仏を修す○冬、同国佐久郡の大井太郎は一遍に会い、三日三夜供養をのべて念仏を修す。その後下野国小野寺を遊行	六月、宋僧祖元、北条時宗の招きに応じ、堂円とともに来朝す○七月二九日、元使周福らを博多で斬る
三	一二八〇	四二	三月、弥阿弥陀仏死す○この年、奥州江刺の郡に至り、祖父通信の墳墓をたずね、その後松島・平泉を	二月二一日、朝廷諸寺に命じて異国調伏を祈らせる○一一月一四日、

年号	西暦	年齢	事項	一般事項
弘安 四	一二八一	四三	まわって常陸国に入る 武蔵国石浜を遊行のおり、時衆四、五人病み臥す○六月二三日、願阿弥陀仏死す○九月、西一房死す○一〇月八日、号阿弥陀仏死す	鎌倉に火あり、八幡宮炎上 六月六日、蒙古再度来襲○七月一日、大風雨おこり元艦鷹島沖に没す
五	一二八二	四四	春、ながさごに二、三日とどまり、三月一日小袋坂より鎌倉に入ろうとしたとき、武士の制止を受く○三月二日、片瀬の館の御堂で断食し別時念仏を修す。ときに願行の門弟上総国の生阿弥陀仏来臨して十念を受く。同七日の日中、片瀬の浜の地蔵堂に移る○四月六日、光阿弥陀仏死す。同八日、安阿弥陀仏死す○六月、常一房死す。この人のち不往生と判定される○七月一六日、片瀬をたち、遊行しつつ、伊豆国三島に着く。この日、時衆七、八人一度に往生をとぐ。同月、南一房・忍一房死す○八月、仏一房死す○九月、分阿弥陀仏・至一房死す○一〇月、唯阿弥陀仏・娑阿弥陀仏・大阿弥陀仏・定阿弥陀仏・向阿弥陀仏・観一房死す。同二六日、良一房死す。のちに不往生の判定を受く。	一〇月一三日、日蓮池上宗仲の邸にて死す○一二月八日、北条時宗鎌倉山之内に円覚寺を創建して供養を行う
六	一二八三	四五	尾張国甚目寺に着き、七日の行法いまだ遂げざるう	正月六日、山徒神輿を奉じて禁中

			ち、ここを立ち萱津の宿にやどる。その後、尾張・美濃両国を通り、近江国草津に至る。近江を遊行中、横川の真縁にあい、数日の化導をなす。関寺に入らんとしたとき、園城寺の制止にあい、やむなく夜は関のほとりの草堂にたちよる○正月一五日、観一房死す○三月、終阿弥陀仏・詣阿弥陀仏・顕一房死す○四月、陀一房死す○五月一五日、定一房死す○六月二六日、蓮一房死す○九月、地一房死す○一一月一七日、池阿弥陀仏死す。同二一日、超一房死す○一二月、法阿弥陀仏・今一房死す。同二一日、倶一房死す	に濫入し、常御所に入って狼藉す
七	一二八四	四六	正月五日、思阿弥陀仏死す○四月五日、即一房死す○閏四月一六日、関寺より入京し、四条京極の釈迦堂に入り、一七日ののち因幡堂に移る。その後三条の悲田院に一日一夜、蓮光院に一時在住したのち、雲居寺・六波羅蜜寺を次第に巡礼し、空也の遺跡市屋道場にて数日をおくる○五月二二日、市屋道場をたち桂に移る。同月、正阿弥陀仏死す○六月、説阿弥陀仏死す○秋、桂をたち北国へ赴き、篠村で林下	四月四日、北条時宗死す

年号	年	西暦	年齢	事項	一般事項
弘安	八	一二八五	四七	に草のまくらを結ぶ○八月、定一房死す○一一月一五日、界阿弥陀仏死す 二月五日、住一房死す○三月一二日、明阿弥陀仏死す○五月上旬、丹後国の久美浜で念仏を修し、因幡国・伯耆国おおさかを経て、美作国一宮に参詣す○七月八日、音一房死す。同二二日、覚阿弥陀仏死す○九月五日、二一房死す○一〇月二日、持阿弥陀仏死す○一一月一七日、有阿弥陀仏死す○一二月一二日、大一房死す	一一月一七日、北条貞時、前陸奥守安達泰盛、その子宗景を誅し、金沢顕時を上総に流す。ときに将軍の邸宅、兵火にあい焼失す
	九	一二八六	四八	四天王寺に詣でたのち、住吉神社に参詣、その後磯長の聖徳太子の廟を拝し、三日参籠、次いで当麻寺に参り、ここで誓願文を認む○正月二五日、楽阿弥陀仏死す○二月二一日、来阿弥陀仏・神一房死す○三月七日、珠阿弥陀仏死す○五月二九日、三一房死す○六月二日、東一房死す。同二一日、縁一房死す○九月一二日、即阿弥陀仏死す○冬、石清水八幡宮に詣でたのち、四天王寺に帰り、歳末の別時を修す。 その後四天王寺をたち、播磨国遊行のかたわら、印南野の教信寺に詣で一夜とどまる	一一月一九日、宇治橋の供養にあたり、後深草・亀山両上皇臨幸す。このころ、持明院・大覚寺両統更立の議おこる

一〇	一二八七	伏見	四九	春、播磨国書写山に参詣、この山を出て、なお国中を巡礼○三月一日、十二道具の持文を書き記す。同六日、底阿弥陀仏死す。同二三日、彼阿弥陀仏死す○四月九日、従仏房死す○この年、軽部の宿にて、花のもとの教順四十八日のあいだ結縁し、知識の教えによって往生す○この年、備後国の一宮、秋には安芸国の厳島に参詣す○九月二六日、善仏房死す○一〇月三日、但阿弥陀仏死す○同五日、求仏房死す	七月六日、鎌倉光明寺の良忠死す○一〇月二一日、後宇多天皇（大覚寺統）位を皇太子（伏見・持明院統）に譲る○一一月一二日、一向俊聖徴失をうけ、一八日立ちながら往生す
正応元（四・二八）	一二八八		五〇	伊予国にわたり、菅生・岩屋を巡礼し、繁多寺に移る○正月二〇日、声仏房死す。二六日、切阿弥陀仏死す○五月四日、明一房死す。同二一日、陵阿弥陀仏死す。同二四日、神一房死す○七月一三日、連阿弥陀仏死す○一二月一六日、大三島神社に参詣。同一八日、重阿弥陀仏死す	六月二四日、京都大地震○七月、大風、奈良興福寺の講堂倒壊し、阿弥陀・四天王等の像壊る。この頃、伯耆国の大山寺崩れる
二	一二八九		五一	讃岐国に赴き、善通寺・曼荼羅寺を巡礼したのち、阿波国に移る。正月二二日、専一房死す。同三〇日、漢阿弥陀仏死す○五月二二日、南仏房、阿波国賀茂にて死す○六月一日より心神例に違し、寝食常ならず。同一二日、喜阿弥陀仏死す○七月はじめ、阿波	九月一四日、将軍惟康親王、北条貞時に追われて、京都に帰る○一〇月九日、後深草天皇の皇子久明親王、請われて将軍となる。

国をたち、淡路国の福良の泊に移る。同八日、西一房死す。同一八日、迎えの船に乗り明石の浦に至り、さらに兵庫におもむき、観音堂に入る○八月二日、縄床に坐し、南に向いて法談す。同五日、遍阿弥陀仏死す。同一〇日朝、所持の書籍等阿弥陀経を読みつつ、自ら焼く。同二三日、辰の刻、禅定に入るがごとく死す。ときに時衆および結縁衆で、前の海に身を投げた者七人いたという。同二三日、界阿弥陀仏・行阿弥陀仏・当仏房死す。同二四日、無阿弥陀仏・陵阿弥陀仏死す。

主要参考文献

著者	書名	刊行年	出版社
赤松俊秀	『鎌倉仏教の研究』	昭和三二年	平楽寺書店
角川書店編集部	『一遍聖絵』（日本絵巻物全集10）	昭和三五年	角川書店
同	『遊行上人縁起絵』（同23）	昭和四二年	角川書店
大橋俊雄	『法然 一遍』（日本思想大系10）	昭和四六年	岩波書店
同	『一遍――その行動と思想』	昭和四六年	評論社
同	『遊行聖――庶民の仏教史話』	昭和四六年	大蔵出版
同	『踊り念佛』	昭和四九年	大蔵出版
同	『時宗二祖他阿上人法語』	昭和五〇年	大蔵出版
金井清光	『一遍と時衆教団』	昭和五〇年	角川書店
同	『時衆と中世文学』	昭和五〇年	東京美術
越智通敏	『一遍――遊行の跡を訪ねて』	昭和五三年	愛媛文化双書刊行会

大橋俊雄『一遍と時宗教団』　昭和五三年　教育社
今井雅晴『時宗成立史の研究』　昭和五六年　吉川弘文館
河野憲善『一遍教学と時衆史の研究』　昭和五六年　東洋文化出版

地 図
江刺
平泉
松島
白河関
善光寺
伴野
小田切
小野寺
石浜
甚目寺
幡宮
萱津
廟
三島神社
片瀬
鎌倉
長後（ながさご）

一遍遊

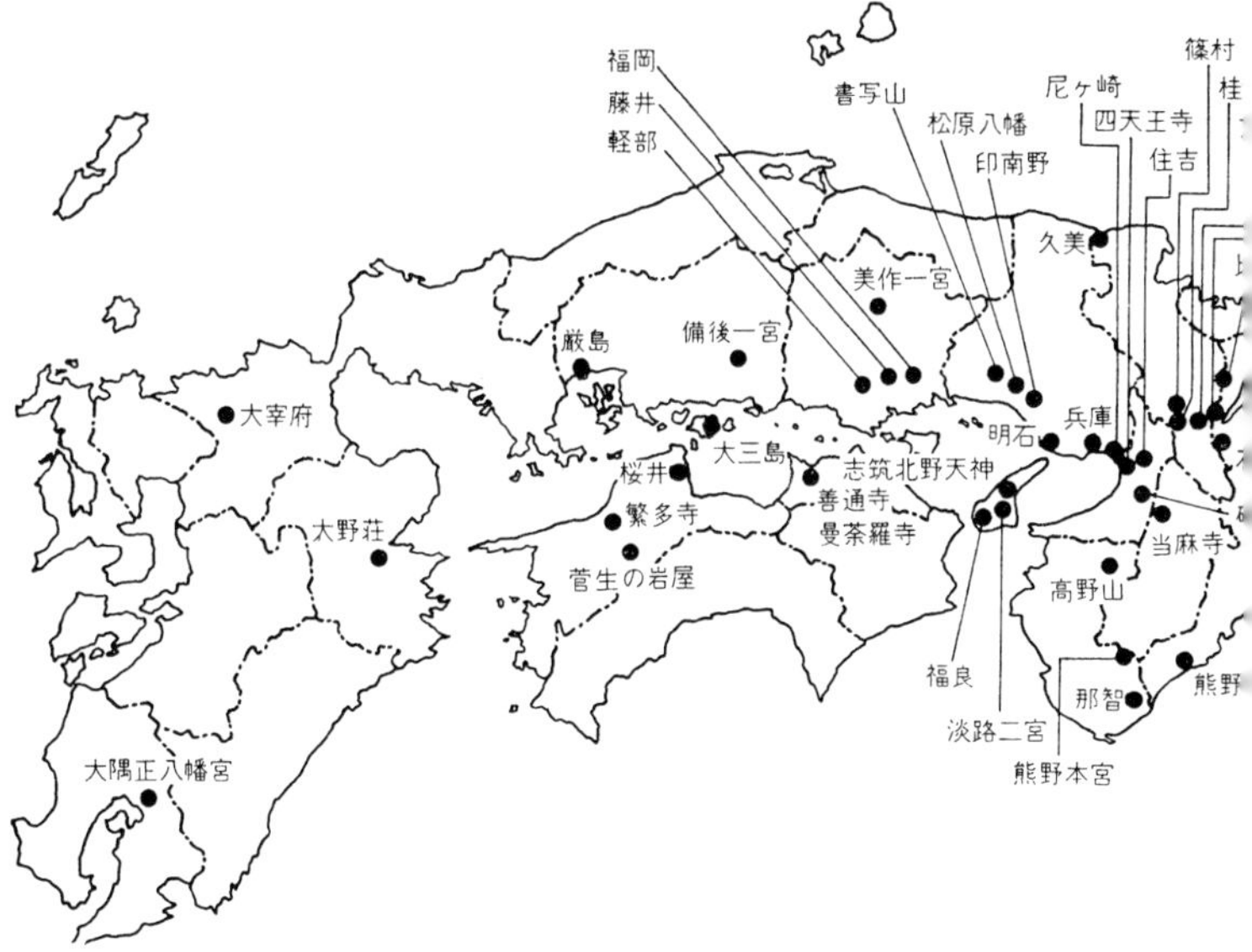

福岡
藤井
軽部
書写山
松原八幡
印南野
尼ヶ崎
四天王寺
住吉
篠村
久美
美作一宮
備後一宮
厳島
大宰府
大三島
明石
兵庫
志筑北野天神
桜井
繁多寺
善通寺
曼荼羅寺
大野荘
菅生の岩屋
当麻寺
高野山
福良
淡路二宮
那智
熊野本宮
大隅正八幡宮

著者略歴

大正十四年生れ
昭和二十三年大正大学文学部仏教学科卒業
現在　日本文化研究所講師、文学博士

主要著書

法然・一遍(日本思想大系)〈編〉　時宗の成立と展開　一遍―その行動と思想―　一遍と時宗教団　法然と浄土宗教団　浄土宗近代百年史年表　法然全集(全五巻)

人物叢書　新装版

一遍

一九八三年(昭和五十八)二月十日　第一版第一刷発行
一九八八年(昭和六十三)十月一日　新装版第一刷発行
二〇〇〇年(平成十二)十一月一日　新装版第四刷発行

著者　大橋俊雄(おおはししゅんのう)
編集者　日本歴史学会
代表者　児玉幸多
発行者　林英男
発行所　株式会社吉川弘文館
東京都文京区本郷七丁目二番八号
郵便番号一一三―〇〇三三
電話〇三―三八一三―九一五一〈代表〉
振替口座〇〇一〇〇―五―二四四
印刷＝平文社　製本＝ナショナル製本

『人物叢書』(新装版)刊行のことば

人物叢書は、個人が埋没された歴史書が盛行した時代に、「歴史を動かすものは人間である。個人の伝記が明らかにされないで、歴史の叙述は完全であり得ない」という信念のもとに、専門学者に執筆を依頼し、日本歴史学会が編集し、吉川弘文館が刊行した一大伝記集である。

幸いに読書界の支持を得て、百冊刊行の折には菊池寛賞を授けられる栄誉に浴した。

しかし発行以来すでに四半世紀を経過し、長期品切れ本が増加し、読書界の要望にそい得ない状態にもなったので、この際既刊本の体裁を一新して再編成し、定期的に配本できるような方策をとることにした。既刊本は一八四冊であるが、まだ未刊である重要人物の伝記についても鋭意刊行を進める方針であり、その体裁も新形式をとることとした。

こうして刊行当初の精神に思いを致し、人物叢書を蘇らせようとするのが、今回の企図である。大方のご支援を得ることができれば幸せである。

昭和六十年五月

日本歴史学会

代表者　坂本太郎

〈オンデマンド版〉
一　遍

人物叢書　新装版

2020年（令和2）11月1日　発行

著　者　大橋俊雄（おおはししゅんのう）

編集者　日本歴史学会
代表者　藤田　覚

発行者　吉川道郎

発行所　株式会社　吉川弘文館
〒113-0033　東京都文京区本郷7丁目2番8号
TEL　03-3813-9151〈代表〉
URL　http://www.yoshikawa-k.co.jp/

印刷・製本　大日本印刷株式会社

大橋俊雄（1925～2001）

ISBN978-4-642-75132-2